AF460378

QUESTION DES PORISMES.

NOTICE

SUR

LES DÉBATS DE PRIORITÉ

AUXQUELS A DONNÉ LIEU L'OUVRAGE DE M. CHASLES
SUR LES PORISMES D'EUCLIDE

SUIVIE

DE L'EXPLICATION DE CE QUE C'EST QU'UN PORISME

PAR

P. BRETON (De Champ),

Ancien élève de l'École polytechnique,
ingénieur en chef au Corps impérial des ponts et chaussées,
directeur adjoint du Dépôt des cartes et plans au Ministère de l'agriculture,
du commerce et des travaux publics.

Troisième tirage, revu et corrigé.

PRIX : 3 FRANCS.

Paris

IMPRIMERIE DE MADAME VEUVE BOUCHARD-HUZARD

rue de l'Éperon, 5.

1866

QUESTION DES PORISMES.

NOTICE

SUR

LES DÉBATS DE PRIORITÉ

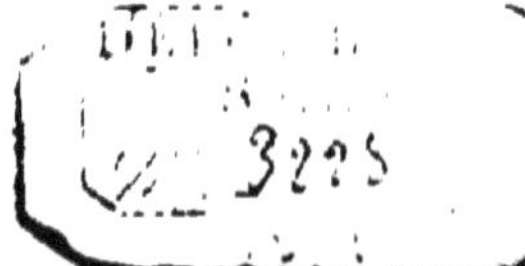

AUXQUELS A DONNÉ LIEU L'OUVRAGE DE M. CHASLES SUR LES PORISMES D'EUCLIDE

SUIVIE

DE L'EXPLICATION DE CE QUE C'EST QU'UN PORISME

PAR

P. BRETON (De Champ),

Ancien élève de l'École polytechnique,
ingénieur en chef au Corps impérial des ponts et chaussées,
directeur adjoint du Dépôt des cartes et plans au Ministère de l'agriculture,
du commerce et des travaux publics.

Nouveau tirage, revu et corrigé.

Paris

IMPRIMERIE DE MADAME VEUVE BOUCHARD-HUZARD
rue de l'Éperon, 5.

1865

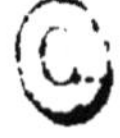

QUESTION DES PORISMES.

NOTICE

SUR

LES DÉBATS DE PRIORITÉ

AUXQUELS A DONNÉ LIEU L'OUVRAGE DE M. CHASLES
SUR LES PORISMES D'EUCLIDE

PAR

P. BRETON (De Champ),
Ancien élève de l'École polytechnique,
Ingénieur en chef des Ponts et Chaussées, Directeur adjoint du Dépôt des Cartes
et Plans au Ministère des Travaux publics.

Paris
IMPRIMERIE DE MADAME VEUVE BOUCHARD-HUZARD,
RUE DE L'ÉPERON, 5.

1865-1872

TABLE DES MATIÈRES.

FIN DE LA TABLE DES MATIÈRES.

Il y aura bientôt trois siècles que la question des Porismes a pris naissance. La difficulté, dans cette question célèbre, a toujours été de donner le sens de la Notice laissée par Pappus sur les trois livres de Porismes qu'Euclide avait composés et qui sont perdus.

Ce document n'avait présenté aux géomètres qu'une énigme impénétrable, lorsque Robert Simson, professeur à l'université de Glasgow, fit connaître, en 1723, la signification de trois propositions qui s'y trouvent décrites. Mais il ne put trouver l'explication de la définition du terme *Porisme*.

Le résultat obtenu par Simson était encore le seul qui demeurât incontesté, lorsque je fus assez heureux pour signaler, en 1849, un résumé des 171 propositions d'Euclide, dans 29 énoncés qui terminent la Notice même de Pappus, mais que jusqu'alors on avait regardés comme n'étant que 29 de ces 171 propositions. C'était là le secret des Porismes, car je pus bientôt après mettre en évidence la pensée que renferme la traduction littérale de la définition conservée par Pappus ; ce que personne n'avait fait avant moi.

Depuis lors, la priorité de cette découverte fondamentale d'un résumé des trois livres perdus m'a été contestée. Les pages qui suivent ont pour objet, non-seulement de revendiquer hautement ce que je crois m'appartenir, mais aussi d'appeler l'attention du public sur la nature des moyens à l'aide desquels on a voulu m'enlever l'honneur de cette découverte.

Paris, 22 mai 1865.

NOTICE

SUR LES DÉBATS DE PRIORITÉ

AUXQUELS A DONNÉ LIEU L'OUVRAGE DE M. CHASLES SUR LES PORISMES D'EUCLIDE.

M. Chasles a publié en 1860 une restitution conjecturale de trois livres de Porismes qu'Euclide avait composés et qui ne sont pas arrivés jusqu'à nous (1). Ce travail a pour fondement cette donnée, que *les 171 propositions qui formaient les trois livres perdus se trouvent résumées dans* 29 *énoncés transmis par Pappus*. Il s'agit des énoncés qui terminent la Notice de ce géomètre sur l'ouvrage d'Euclide. M. Chasles déclare avoir été fixé sur cette question des Porismes dès l'année 1835, et ne faire aucune allusion à divers écrits qui ont paru avant son livre (2); en d'autres termes, il prétend n'avoir rien emprunté

(1) *Les trois livres de Porismes d'Euclide rétablis pour la première fois d'après la Notice et les Lemmes de Pappus, et conformément au sentiment de R. Simson sur la forme des énoncés de ces propositions.*

(2) *Les trois livres de Porismes*, p. 9, en note.

à mes propres publications sur les Porismes, dont la première porte la date du 29 octobre 1849 (1).

Or, c'est précisément dans ces écrits, auxquels M. Chasles assure n'avoir rien emprunté, que l'existence d'un résumé des 171 propositions d'Euclide a été signalée pour la première fois. Jusqu'alors on avait toujours admis, comme une chose toute naturelle, que les 29 énoncés, dans lesquels on reconnait maintenant ce résumé, ne pouvaient être que 29 de ces 171 propositions.

J'ai déjà réclamé la priorité de cette découverte devant l'Académie des sciences (2). Mais tandis que M. Chasles, en sa qualité de membre de l'illustre compagnie, a pu à son gré user et abuser contre moi du *Compte rendu* (3), il ne m'a pas été permis de lui répondre par la même voie (4), de sorte que le public a été privé de la suite d'une discussion qui menaçait, il est vrai, de tourner à la confusion de M. Chasles; ma réclamation a été renvoyée à une commission, et, sur le rapport de cette commission, l'Académie a déclaré ne pouvoir la reconnaitre comme fondée (5).

L'objet de la présente publication est de faire connaitre les explications qu'il ne m'a pas été permis d'insérer au *Compte rendu*, et de mettre le public à même de porter un jugement sur ce qui s'est passé au sujet de cette réclamation.

Je vais m'occuper, en premier lieu, des assertions que M. Chasles a produites devant l'Académie (6).

Les idées dont je revendique la priorité et l'honneur ne sont autre chose, suivant M. Chasles, que les propres idées de

(1) *Comptes rendus hebdomadaires des séances de l'Académie des sciences*, t. XXIX, p. 479.

(2) *Comptes rendus*, t. L, p. 938 et 995; t. LI, p. 1034.

(3) *Comptes rendus*, t. LI, p. 1013-1061.

(4) *Comptes rendus*, t. LIII, p. 700.

(5) *Comptes rendus*, t. LIII, p. 699-711 (commissaires, MM. Bertrand; Serret, rapporteur).

(6) *Comptes rendus*, t. LI, p. 1013-1061.

Robert Simson, *nettement exprimées et mises en pratique* dans le livre bien connu que ce géomètre a laissé sur les Porismes.

Suivant M. Chasles, R. Simson a regardé dans ce livre chacun des 29 énoncés comme étant la *conclusion* commune de plusieurs propositions d'Euclide, qui différaient seulement par les *hypothèses*, et par conséquent l'ensemble des 29 énoncés comme résumant les 171 propositions.

M. Chasles affirme avoir attribué dès le principe ces idées à R. Simson, dans son *Aperçu historique* publié en 1837, et les avoir prises pour base de ses propres recherches dans le même ouvrage. Il affirme en outre y avoir fait une allusion fort claire dans son discours d'inauguration du *Cours de géométrie supérieure* prononcé le 22 décembre 1846.

C'est là ce que M. Chasles, en présence de ma réclamation, a soutenu ouvertement devant l'Académie.

Voici maintenant ma réponse.

I. Sur vingt-cinq propositions que Simson présente comme ayant dû appartenir à l'ouvrage d'Euclide (indépendamment de 23 énoncés qu'il laisse intacts et de 12 lemmes dont il ne peut trouver l'emploi), il en est plusieurs qu'il déduit de certains lemmes, et *dont les conclusions ne figurent point parmi les 29 énoncés* (1). On a par ce *fait matériel* l'entière certitude que Simson n'a pas considéré ces énoncés comme *résumant* les 171 propositions d'Euclide.

II. Fermat avait promis de rétablir un jour *tres totos porismatum libros* (2). Probablement il entendait par là les trois séries que forment dans Pappus les 29 énoncés, et qui répondent respectivement aux trois livres d'Euclide. Simson, croyant qu'il s'agit d'une restitution des 171 propositions, déclare que

(1) *Comptes rendus*, t. L, p. 996, en note.
(2) *Varia opera mathematica*, p. 119.

Fermat n'aurait pu tenir cette promesse, *attendu qu'il ne reste aucun vestige, absolument rien d'un grand nombre des Porismes d'Euclide* (*multa enim sunt Euclidis Porismata quorum nec vola nec vestigium exstat*) (1).

Un illustre contemporain, mylord Brougham, qui s'est occupé aussi des Porismes, exprime le même sentiment dans une biographie de Simson publiée en 1845 : « This restoration « was quite impossible, inasmuch as there remained no « account of what those books contained, excepting a very « small portion obscurely mentioned in the preface of Pappus (2)... »

M. Chasles lui-même disait : « On devait se demander... « quelles étaient les propositions qui entraient dans l'ouvrage « d'Euclide; notamment celles dont l'indication, très-imparfaite, nous est laissée par Pappus (3). »

Ainsi, avant la publication de mes recherches sur les Porismes, on croyait que Pappus n'avait laissé d'indications que sur une partie seulement des 171 propositions d'Euclide.

III. Simson dit du 27e énoncé qu'*il paraît être l'antépénultième Porisme du 3e livre d'Euclide;* du 28e, qu'il en est *l'avant-dernier Porisme;* du 29e, qu'il en est *le dernier Porisme* (4). On voit qu'il parle des énoncés de Pappus comme s'ils étaient des *énoncés de Porismes*, c'est-à-dire des propositions individuelles.

C'est ainsi que M. Chasles l'a entendu, dès le principe, dans l'*Aperçu historique*, en rappelant que Simson a présenté, le premier, un certain théorème (sa proposition XXXIV) « comme « étant l'un des porismes d'Euclide, celui auquel se rapportent

(1) *R. Simson opera quædam reliqua*, p. 318.

(2) *Lives of men of letters and science who flourished in the time of George III*. Paris, in-8, t. I, p. 323.

(3) *Aperçu historique*, p. 14.

(4) *R. Simson opera quædam reliqua*, p. 155, 163, 171.

« ces mots de Pappus : QUOD HÆC AD DATUM PUNCTUM VERGIT (1), » c'est-à dire le 6e des 29 énoncés. M. Chasles dit *celui auquel* et non pas *l'un de ceux auxquels*. Il regarde comme évident que chacun de ces énoncés ne représentait pour Simson qu'une seule proposition d'Euclide, dont il s'agissait de rétablir les termes perdus par la mutilation des manuscrits.

M. Chasles lui-même avait pris pour base de ses propres recherches sur les Porismes les mêmes idées que nous venons de le voir attribuer à Simson. Pour s'en convaincre, il suffit de lire ce qu'il a écrit dans la note III de l'*Aperçu historique* au sujet de deux propositions très-générales, qui renferment, assure-t-il, deux ou trois cents Porismes ; propositions qui lui ont paru comprendre, dans ces corollaires si nombreux, « les « quinze énoncés de Pappus appartenant au premier livre des « Porismes d'Euclide, et desquelles, par conséquent, on pourra « déduire autant de théorèmes répondant à ces énoncés (2). » Ainsi M. Chasles n'avait alors en vue qu'une proposition unique pour chaque énoncé de Pappus.

Au reste, les expressions qu'emploie M. Chasles en divers endroits, non-seulement dans l'*Aperçu historique*, mais encore dans son discours d'inauguration du *Cours de géométrie supérieure*, suffiraient seules pour prouver qu'en effet il regardait les 29 énoncés de Pappus comme n'étant que 29 des 171 propositions d'Euclide. Il les appelle tantôt *des énoncés de Porismes* (3), tantôt *les énoncés de trente propositions appartenant aux porismes d'Euclide* (4), et aussi *les trente propositions énoncées par Pappus* (5), tantôt enfin des *propositions obscures* (6), dont il s'agit de *trouver l'interprétation* (7), de

(1) *Aperçu historique*, p. 30, en note.
(2) *Aperçu historique*, p. 279.
(3) *Aperçu historique*, p. 279. — *Traité de géométrie supérieure*, p. XLIV.
(4) *Aperçu historique*, p. 12.
(5) *Aperçu historique*, p. 275.
(6) *Traité de géométrie supérieure*, p. XLIV.
(7) *Aperçu historique*, p. 279.

donner l'explication (1), de *donner le sens* (2); expressions qui ne peuvent s'appliquer qu'à des propositions individuelles.

Il est donc bien évident qu'avant la publication de mes écrits sur les Porismes on avait toujours supposé que les 29 énoncés de Pappus devaient être 29 des 171 propositions d'Euclide.

IV. Cependant un seul de ces énoncés, le premier, exprime une proposition géométrique. Tous les autres sont à l'état de simples *conclusions*, sans *hypothèses*, conformément à ce que l'on reconnaît aujourd'hui être la pensée de Pappus. Avant la publication des résultats de mes recherches, on croyait que ces 28 énoncés ne nous étaient parvenus que mutilés dans les manuscrits. C'était une conséquence de la supposition que les 29 énoncés devaient être 29 des 171 propositions d'Euclide. Voici plusieurs preuves de ce que j'avance :

Simson, après avoir traduit tous ces énoncés, dit : *Il est manifeste que toutes ces propositions, la première exceptée, sont absolument tronquées et défectueuses* (*omnino mancas et imperfectas*) (3). Cet adverbe *omnino* caractérise bien la pensée de l'auteur. La typographie complète d'ailleurs ces expressions significatives par un véritable luxe de séries de points consécutifs indiquant des lacunes dans ces énoncés que l'on sait aujourd'hui nous être parvenus tels ou à peu près tels que Pappus les a écrits. La même pensée reparait en d'autres endroits du Traité des Porismes.

On la retrouve dans le mémoire de Playfair sur les Porismes, dans la biographie de Simson qu'a publiée en 1812, Guillaume Trail, dont les recherches sur les Porismes sont citées plusieurs fois dans le Traité des Porismes; dans la préface du traité des propriétés projectives des figures; dans l'écrit de mylord Brougham déjà cité, etc.

(1) *Traité de géométrie supérieure*, p. XLIV.
(2) *Ibidem*.
(3) *R. Simson opera quædam reliqua*, p. 352.

M. Chasles lui-même a dit : « Ces énoncés sont si succincts, « et sont devenus si défectueux par des lacunes et par l'ab- « sence des figures qui s'y rapportaient, que le célèbre Halley, « si profondément versé dans la géométrie ancienne, a confessé « n'y rien comprendre (1). »

Nous n'avons à constater ici que les causes, vraies ou non, auxquelles l'auteur de l'*Aperçu historique* attribuait l'insuccès des efforts de Halley. Cependant on peut faire à ce sujet une remarque qui peut-être ne sera pas sans utilité.

Il est au moins douteux que Halley, à qui la langue grecque était familière, ait considéré les énoncés de Pappus comme ne nous étant parvenus que mutilés. Bien qu'il avoue n'avoir pu même former aucune conjecture sur la pensée qu'a eue le géomètre grec en donnant cette suite d'énoncés (*quid sibi velit* Pappus *haud mihi datum est conjicere*) (2), on croirait volontiers qu'il les a regardés comme n'ayant pas éprouvé de mutilations, mais en supposant que peut-être ils se rapportaient à une certaine figure perdue qui servait à les compléter. Il juge, en effet, qu'il y a là une énigme devenue à jamais impénétrable, par la perte de cette figure et par l'absence, dans le texte, de lettres de renvoi qui puissent permettre de distinguer les unes des autres les droites assez nombreuses dont il est question dans ces énoncés (*ob defectum schematis cujus fit mentio; unde rectæ satis multæ, de quibus hic agitur, absque notis alphabeticis, ullove alio distinctionis charactere, inter se confunduntur*) (3). Avec une telle manière de voir, Halley a dû nécessairement supposer que les 29 énoncés ne pouvaient être que 29 des 171 propositions d'Euclide.

Quoi qu'il en soit de cette conjecture, elle prouve que l'on aurait pu regarder les 29 énoncés comme nous étant parvenus

(1) *Aperçu historique*, p. 12.
(2) *Apollonii Pergæi de Sectione rationis*, in præf., p. xxxvii.
(3) *Ibidem*.

tels que Pappus les a écrits, sans pour cela y voir un résumé des 171 propositions.

Ici se termine ma réponse aux assertions que M. Chasles n'a pas craint d'opposer à ma réclamation. Je laisse au lecteur le soin de qualifier ces assertions.

Il me reste à m'expliquer sur le rapport qui a été présenté à l'Académie, et auquel l'illustre assemblée a donné suite en déclarant ne pouvoir reconnaître comme fondée la réclamation de priorité que je lui avais adressée.

De même que dans ma réponse à M. Chasles, je me bornerai à un petit nombre d'observations, qui suffiront pour mettre en évidence, aux yeux de tout le monde, l'esprit dans lequel ce rapport a été préparé.

V. La commission n'a pas voulu examiner la question en ce qui touche M. Chasles personnellement ; on en devine facilement la raison d'après ce qui précède. Elle s'est attachée à prouver la prétendue priorité de Simson. Par des raisonnements ou plutôt des procédés dont je ferai connaître ci-après quelques exemples, elle en vient à conclure que ce géomètre a nettement exprimé, dans son Traité des porismes, *que les énoncés transmis par Pappus ne sont autre chose que les conclusions des propositions renfermées dans les trois livres de l'ouvrage d'Euclide, et qu'ils résument ainsi la substance de cet ouvrage* (1).

Or ceci est contredit par le *fait matériel* que j'ai cité dans l'art. I de ma réponse à M. Chasles (ci-dessus, p. 7). Je l'avais signalé à l'appui de ma réclamation (2). Par conséquent, la commission n'a pu l'ignorer. Cependant elle a gardé le silence sur ce point. Il est vrai qu'en cela elle n'a fait que suivre

(1) *Comptes rendus*, t. LIII, p. 713.
(2) *Comptes rendus*, t. L, p. 996, en note.

l'exemple de M. Chasles. Si ce n'est pas là du parti pris, c'est au moins un oubli bien singulier. Mais il n'empêche pas le fait de subsister et d'infirmer la décision de l'Académie.

VI. La commission (1) repousse la traduction littérale de ce passage si clair et si formel que j'ai cité dans l'art. II de ma réponse à M. Chasles (ci-dessus, p. 8) : *multa enim sunt Euclidis Porismata quorum nec vola nec vestigium exstat*. Suivant elle, Simson veut dire par là que Fermat n'aurait pu trouver dans les lemmes de Pappus toutes les hypothèses des 171 propositions.

Or cette interprétation implique presque autant de *faits supposés* qu'elle contient de mots; en effet, pour pouvoir la présenter sérieusement, il faudrait d'abord tout au moins :

Ou bien qu'il fût question des lemmes de Pappus dans le texte en question, *ce qui n'est pas;*

Ou bien que Simson en eût parlé auparavant, *ce qui n'est pas.*

Il faudrait encore :

Ou bien que Fermat eût annoncé qu'il tirerait toutes ses hypothèses des lemmes de Pappus, *ce qui n'est pas*;

Ou bien que Simson eût regardé cette condition comme nécessaire et se la fût imposée dans son Traité des Porismes, *ce qui n'est pas.*

Si maintenant nous examinons le prétexte mis en avant par la commission pour ne pas s'en tenir à l'interprétation littérale, nous rencontrons encore un *fait supposé*.

De ce que je soutiens que Simson a considéré les 29 énoncés comme n'étant que 29 des 171 propositions d'Euclide, elle conclut que, suivant moi, ce géomètre aurait voulu exprimer qu'il ne reste aucune trace des 142 autres, *ce qui n'est pas.* *Voyez* l'art. I de ma réponse à M. Chasles (ci-dessus, p. 7).

Et voici la conséquence que la commission tire de ce fait

(1) *Comptes rendus*, t. LIII, p. 707-708.

supposé : « Mais alors le mot *multa* est insuffisant pour exprimer une telle pensée; *permulta* lui-même serait trop faible. « Sur 171 choses précieuses, 142 sont perdues, et Simson se « serait borné à dire qu'il en manque *beaucoup!* Cela n'est pas « croyable. » En vérité, je ne vois pas quelle difficulté la commission peut trouver à ce que, 142 propositions sur 171, ce soit *beaucoup*.

Le passage dont il s'agit conserve donc sa signification si claire, si formelle, qui infirme la décision de l'Académie aussi bien que le fait matériel que j'ai rappelé d'abord dans l'art. V (ci-dessus, p. 12).

VII. Disons maintenant quels sont les arguments par lesquels la commission prétend prouver que Simson a considéré les 29 énoncés comme étant les conclusions des 171 propositions d'Euclide.

Le texte grec de Pappus exprime clairement, cela n'est pas contesté, que les 29 énoncés sont les choses qui étaient *à chercher* dans ces propositions, que plusieurs géomètres de l'antiquité ont appelées des *problèmes*, d'après la manière dont elles étaient énoncées dans les trois livres perdus.

Halley, après Commandin, traduisit en latin ce texte, mais en déclarant ne pouvoir même former aucune conjecture sur ce que Pappus avait voulu dire (*Quid sibi velit* Pappus *haud mihi datum est conjicere*) (1). Il est donc certain que ce trait principal de la constitution des Porismes, que je viens de rappeler et qui forme l'objet de la question de priorité actuelle, lui avait complétement échappé. Car, ce point une fois connu, la définition du terme *Porisme* que Pappus nous a conservée, et qui a résisté à tous les efforts de Simson et de ses successeurs, cesse d'être un mystère.

D'après cela, il n'y a pas lieu de s'étonner si la version de

(1) *Apollonii Pergæi de Sectione rationis*, in præf., p. xxxvii.

Halley n'est pas telle qu'il l'aurait écrite s'il avait compris la pensée de Pappus.

Or ce que la commission m'oppose (1) comme prouvant d'une manière décisive que Simson a vu dans les 29 énoncés les conclusions des 171 propositions d'Euclide n'est autre chose qu'une partie de cette traduction, reproduite par Simson textuellement, c'est-à-dire avec toutes ses défectuosités !

La commission, prévoyant l'objection qui pourra lui être faite, dit : « Il importe peu ici que cette traduction soit plus « ou moins exacte ; elle sert de base aux recherches de Simson, « et les idées qu'elle exprime sont parfaitement claires, sans « la moindre ambiguïté. »

Qui ne croirait, d'après cette assertion, que Simson a mis ces idées en pratique dans la partie géométrique de son livre ? et pourtant il n'en est rien ; nous allons en avoir la preuve.

La commission prétend voir dans ce texte, entre autres choses, que pour Simson les énoncés de Pappus sont les *choses cherchées*, c'est-à-dire les conclusions à chacune desquelles plusieurs hypothèses différentes étaient associées dans l'ouvrage d'Euclide.

Or ceci est contredit de la manière la plus formelle par la définition même du Porisme que Simson a placée en tête de son livre, et par toutes les propositions qu'il présente comme étant des Porismes. D'après cette définition (qui n'est pas celle de Pappus) et dans toutes ces propositions, les *choses à chercher*, les *inquirenda* sont exclusivement des *points*, des *lignes*, des *espaces*, etc., c'est-à-dire des inconnues de la même nature que celles des problèmes ordinaires. *Dans le livre de Simson ces inquirenda ne sont jamais des conclusions.*

Ainsi donc, quand la commission affirme que les idées qu'elle prétend trouver dans cette traduction ont servi de base aux recherches de Simson, ce n'est là qu'*un fait supposé.*

(1) *Comptes rendus*, t. LIII, p. 705-707.

En présence d'une telle méprise, on est presque tenté de croire que la commission a écrit son rapport sans avoir pris connaissance ni de la doctrine de Simson, ni de la partie géométrique du *Traité des Porismes*.

VIII. Il y a dans ce livre de Simson deux passages qui ont paru à la commission être les textes « les plus propres à mettre « en évidence devant l'Académie l'erreur dans laquelle est « tombé M. Breton, » et que par ce motif elle cite en premier lieu (1). Or ils me semblent aussi très-propres à faire comprendre dans quelles conditions cette commission a préparé son travail.

Voici ces deux passages :

Prop. XXXIV. *Quae est Porisma, unum scilicet ex iis inter Porismata Lib.* I. *Euclidis, quae Pappus tradit hisce verbis,* « *Quod haec ad datum punctum vergit.* »

Prop. XLI. *Quae est Porisma, unum scilicet ex iis quae Pappus tradit inter Porismata Lib.* I. *Euclidis, hisce verbis* « *Quod recta... aufert a positione datis segmenta datum* « *rectangulum comprehendentia* (2). »

Le premier est commenté par M. Chasles dans l'*Aperçu historique*. Voyez le deuxième alinéa de l'art. III (ci-dessus,

(1) *Comptes rendus*, t. LIII, p. 703-705.

(2) *R. Simson opera quædam reliqua*, p. 418 et 431. On s'est attaché ici à reproduire exactement la ponctuation, qui est évidemment fautive en ce que la virgule qui précède les mots *hisce verbis* dans le second passage se trouve transportée, dans le premier, après les mêmes mots. M. Chasles dans son livre et la commission dans son rapport ont rectifié cette ponctuation, chacun à leur manière, mais sans prendre aucunement le soin de prévenir le lecteur. J'avais essayé de reproduire dans le *Compte rendu*, t. LI, p. 1035, en note, cette ponctuation avec les guillemets à la hauteur de l'apostrophe employés dans le livre de Simson, qui a été imprimé en Angleterre ; mais les exigences de l'impression du *Compte rendu* ne m'ont pas permis d'achever ce que j'avais commencé. Il en est resté une faute d'impression très-ridicule, sur laquelle M. Chasles a trouvé le moyen d'écrire une page entière (*Comptes rendus*, t. LI, p. 1060-1061).

p. 8). Évidemment M. Chasles, en écrivant cet ouvrage, traduisait mot à mot :

Prop. XXXIV. *Laquelle est un Porisme (l'un de ceux parmi les Porismes du livre I d'Euclide, qu'on trouve dans Pappus), en ces termes, « Que cette [droite] passe par un point « donné. »*

Prop. XLI. *Laquelle est un Porisme (l'un de ceux qu'on trouve dans Pappus parmi les Porismes du livre I d'Euclide), en ces termes, « Que la droite... intercepte sur des [droites] « données de position des segments comprenant un rectangle « donné. »*

Pour marquer plus nettement la pensée de M. Chasles, je remplace par des parenthèses le mot *scilicet.*

Les passages de Pappus cités par Simson sont les énoncés 6 et 15. L'un et l'autre se trouvent au nombre de ceux que le géomètre grec présente comme appartenant au premier livre d'Euclide. C'est là ce qu'expriment les mots *Libri primi*. On voit comment M. Chasles entend que chacun de ces deux énoncés est *un Porisme* pour Simson.

Or la commission repousse « absolument, » sans autre explication, cette manière de traduire. Elle regarde comme évident que pour Simson chacun de ces deux énoncés appartient à plusieurs des Porismes d'Euclide, non-seulement du premier livre, mais aussi du second et du troisième (1). C'est ce que M. Chasles a prétendu en dernier lieu, en présence de ma réclamation.

Pour arriver à donner cette signification aux deux passages cités, il n'y a qu'à supprimer les parenthèses dans la traduction ci-dessus; et alors, en n'y regardant pas de trop près et avec de la bonne volonté, on peut hésiter un instant entre les deux traductions.

(1) *Comptes rendus*, t. LIII, p. 706-707.

Cela tient à ce qu'il y a dans ces textes une certaine ambiguïté, analogue à celle qu'on remarque dans ce proverbe : *Il y a plus d'un âne à la foire qui s'appelle Martin*. On pourrait entreprendre, avec non moins de raison, de prouver que dans cette phrase il s'agit d'*une foire qui s'appelle Martin*.

Mais la nouvelle traduction est sujette à plusieurs difficultés :

1° Puisque Simson est censé avoir regardé chacun des deux énoncés dont il s'agit comme appartenant à plusieurs Porismes non-seulement du premier livre, mais aussi du second et du troisième, pourquoi ces mots *Libri primi?*

2° Cette traduction suppose que, pour Simson, les mots *quæ Pappus tradit* sont l'équivalent de *quorum communem conclusionem Pappus tradit*, ce qui n'est aucunement justifié ; c'est même précisément le point en litige et que l'on ne peut admettre sans preuve.

3° Enfin il résulte des termes mêmes qu'emploie Simson, en citant ces deux énoncés, qu'il les considère comme n'étant pas autre chose que 2 des 171 propositions d'Euclide. En effet, dans une note qui sert de commentaire à sa traduction du texte de Pappus, il dit : *Multa sunt Porismata quae diversas hypotheses habent, sed quae omnia concludunt... rectam aliquam vergere ad punctum datum* (1). Par conséquent, s'il avait regardé le 6e énoncé comme étant la conclusion commune de plusieurs propositions *de l'ouvrage d'Euclide*, il aurait écrit *Quod recta aliqua vergit ad punctum datum*, et non pas *Quod haec ad datum punctum vergit*. De même, pour le 15e énoncé, il aurait écrit *Quod recta aliqua aufert*, etc., et non pas *Quod recta... aufert*, etc. Cette absence de l'adjectif indéterminé *aliqua* dans les deux énoncés, après que Simson lui-même a fait connaître qu'il le regardait comme nécessaire précisément dans l'un de ces énoncés pour en faire une conclusion commune à plusieurs Porismes, prouve que, pour ce géomètre, ils sont

(1) *R. Simson opera quædam reliqua*, p. 349.

des propositions individuelles. Cette remarque s'étend à 23 autres énoncés ; sur les 29, Simson n'en a traduit aucun en termes qui impliquent les idées qu'on prétend lui attribuer.

Telles sont les objections qu'il faudrait lever pour pouvoir présenter sérieusement la nouvelle interprétation. La commission n'a pas essayé de le faire. Et pourtant, d'après la difficulté qu'elle a trouvée à admettre que *multa* pût signifier *beaucoup* de propositions, en supposant que 142 fussent perdues sur 171 (ci-dessus, p. 14), on pouvait espérer que les expressions que je viens de signaler n'auraient pas manqué de fixer son attention. Et il faudrait encore qu'elle fit connaitre sur quoi elle se fonde pour repousser « absolument » la traduction qui s'était offerte si naturellement à M. Chasles, comme à tout le monde, dans le temps où il écrivait l'*Aperçu historique*. Car il est essentiel de ne laisser subsister aucune incertitude sur la signification de ces textes que la commission dit être « les « plus propres à mettre en évidence... l'erreur dans laquelle « est tombé M. Breton. »

Je ne crois pas avoir besoin de multiplier davantage ces observations. Par des causes que je veux ignorer, et dont il appartient à l'Académie de s'enquérir, la question ainsi réduite à ce qui concerne la prétendue priorité de Simson n'a même pas été véritablement traitée. Cela résulte avec une entière évidence des erreurs de fait que l'on rencontre à chaque instant dans le rapport de la commission, et dont je n'ai signalé qu'une partie. On voit par là comment l'illustre compagnie a été conduite à faire honneur à un géomètre étranger d'une découverte que tout démontre être française.

Dans les observations qui précèdent, j'ai fait complète justice de cette assertion de M. Chasles, d'après laquelle il aurait attribué à R. Simson et adopté pour son propre compte, dès l'année 1835, les idées dont je revendique la priorité et l'honneur. Ses propres témoignages (art. II, III et IV), tirés de l'*Aperçu historique* et du discours d'inauguration du *Cours de géométrie supérieure*, prouvent que ce qui est vrai, c'est précisément le contraire de ce qu'il affirme.

Mais, en ce qui concerne la décision par laquelle l'Académie a déclaré tenir pour constant que les idées qui forment l'objet du débat sont réellement exprimées dans le livre de R. Simson, je n'ai fait encore qu'une réponse partielle (art. V, VI, VII et VIII), suffisante toutefois pour qu'il fût bien évident que l'illustre compagnie avait été induite en erreur.

Six mois se sont écoulés sans que les membres de la commission, qui a été la cause plus ou moins involontaire de cette erreur et de cette injustice, aient mis l'Académie en mesure de réformer une décision qui ne peut que la compromettre. Sans attendre plus longtemps une réparation qui aurait dû être immédiate, je vais compléter ma réponse de telle façon que chacun puisse voir clair dans toutes les parties de cette affaire.

Pour terminer, je donnerai l'explication de *ce que c'est qu'un Porisme*. On verra à quel degré de simplicité cette question est réduite maintenant.

Paris, 22 novembre 1865.

IX. Au commencement de cette notice (page 6), j'ai dit quelques mots de ce qui s'est passé au sujet de la réclamation de priorité que j'ai dû former en présence des prétentions de M. Chasles. Avant d'aller plus loin, nous devons préciser l'origine et retracer les principaux incidents de cette discussion.

Le 6 juin 1859, M. Chasles fit paraitre dans le *Compte rendu* l'*Introduction* de son ouvrage sur les Porismes. Dans cette *Introduction* il affirmait avoir considéré, dès l'année 1835, les 29 énoncés de Pappus comme résumant les 171 propositions d'Euclide (1).

Le 21 mai 1860 je réclamai contre cette assertion, en faisant remarquer qu'elle était contredite dans ce que M. Chasles avait publié antérieurement sur les Porismes. Il donna alors à entendre, mais sans s'expliquer, que la découverte dont je revendiquais la priorité et l'honneur appartenait à R. Simson (2).

(1) *Comptes rendus*, t. XLVIII, p. 1033, au commencement et note (3).
(2) *Comptes rendus*, t. L, p. 910.

Je répondis, le 28 du même mois, que cela était impossible pour deux raisons : premièrement parce que cet auteur appelle les 29 énoncés des *propositions ;* secondement parce que plusieurs des propositions qu'il présente comme ayant dû appartenir à l'ouvrage d'Euclide, notamment celles qui portent les numéros 47, 48, 66 et 67, ne sont pas comprises dans ces 29 énoncés (1).

Constatons, en passant, qu'il n'a pas encore été fait de réponse à ces deux objections.

M. Chasles persista. Son livre parut, et j'y retrouvai l'assertion contre laquelle je m'étais élevé. Je réclamai de nouveau, le 24 décembre 1860. Le 31 du même mois, M. Chasles inséra au *Compte rendu* un *factum* de 18 pages, dans lequel il faisait connaitre, *pour la première fois,* comment il prétendait que l'on devait interpréter et le livre de R. Simson et ses propres écrits.

Le 14 janvier 1861, j'adressai à l'Académie une note succincte signalant *ce qui manquait* à l'article de M. Chasles. Cette note ne fut pas insérée au *Compte rendu ;* elle s'y trouve mentionnée, mais sans aucune indication de l'objet spécifié par son titre. Mon adversaire ne voulait pas de contradiction.

L'Académie me fit, toutefois, l'honneur (que je n'avais pas sollicité) de renvoyer mes réclamations à une commission.

Le 19 août suivant, j'adressai à l'illustre assemblée un mémoire détaillé sur ces questions, devenues brûlantes par la ténacité avec laquelle M. Chasles s'obstinait dans des prétentions évidemment contraires à la vérité historique.

A cette occasion le journal *le Cosmos,* qui rend journellement à la science des services justement appréciés, appela l'attention sur le passage du livre de R. Simson qui forme l'objet de l'art. VI.

Quelques jours plus tard, le 9 septembre, un illustre géo-

(1) *Comptes rendus*, t. L, p. 996, en note

mètre, M. Lamé, qui jusqu'alors avait fait partie de la commission, crut devoir se récuser. Sans doute il ne voulait pas que son nom fût mêlé à ce qu'il voyait se préparer. La commission se trouva ainsi réduite à deux membres, MM. Bertrand et Serret. Six semaines après, c'est-à-dire le 21 octobre, ils présentaient à l'Académie le rapport dont nous allons maintenant faire connaître le système.

X. J'entre immédiatement dans la discussion proprement dite, sans m'arrêter aux inexactitudes que je remarque dans l'exposé qui la précède.

La commission s'est proposé de faire déclarer par l'Académie que *R. Simson a considéré les 29 énoncés de Pappus comme n'étant autre chose que les conclusions des 171 propositions qui formaient les trois livres d'Euclide et comme résumant ainsi la substance de cet ouvrage.*

Pour obtenir ce résultat, elle commence par *oublier* de s'expliquer devant l'Académie sur les objections que j'avais présentées le 28 mai 1860, et que j'ai rappelées dans l'article précédent. (*Voir* aussi les art. V et XIII.)

La commission invoque, en premier lieu, les deux passages du livre de R. Simson qui forment l'objet de l'article VIII. Elle prétend y trouver la plus forte preuve que ce géomètre a considéré chacun des énoncés de Pappus comme appartenant à plusieurs des Porismes d'Euclide. J'ai fait voir, dans l'article cité, que ces mêmes passages avaient été interprétés tout autrement par M. Chasles dans l'*Aperçu historique*, et que la nouvelle interprétation, fondée sur une équivoque, est d'ailleurs absolument inadmissible.

XI. Après ces passages, la commission m'oppose, comme exprimant les idées dont je réclame la priorité et l'honneur, une partie de la traduction du texte de Pappus donnée par Simson, bien que cette traduction ne soit pas faite de manière à autoriser une telle interprétation.

On a vu, en effet, dans l'art. VIII, que la description du contenu des trois livres d'Euclide est entièrement appropriée, dans cette traduction, à l'idée que les 29 énoncés ne sont autre chose que 29 des 171 propositions d'Euclide. J'avais, d'ailleurs, appelé expressément l'attention sur la manière dont Simson traduit la première phrase de cette description (1). Voici le mot à mot qu'en donne Commandin : *Itaque in primo libro hæc genera quæsitorum in propositionibus statuere oportet* (2). Halley avait cru devoir refaire, en grande partie, la version de son devancier, *tant elle était*, dit-il, *absurde et plate* (*adeo absurda et insulsa erat*) (3), et traduire *Talia itaque inquirenda offeruntur in primi libri propositionibus* (4), en évitant d'employer le mot *genera*, qui est si important. Simson a choisi cette dernière traduction, ce qui est assez significatif.

« Il importe peu, ici, répond la commission, que cette tra-
« duction soit plus ou moins exacte ; elle sert de base aux
« recherches de Simson, et les idées qu'elle exprime sont par-
« faitement claires, sans la moindre ambiguïté (5). »

Nous savons (art. VII) qu'*il n'est pas vrai que ces idées servent de base aux recherches de Simson.* Nous allons voir qu'il n'est pas vrai non plus qu'elles soient exprimées dans la traduction dont il s'agit.

Suivant la commission, ces idées, dont la priorité est en discussion, sont exprimées dans ce passage où Pappus est censé dire d'Euclide : ..... *Per omnia Porismata non nisi prima princi-*

(1) *Comptes rendus*, t. LI, p. 1036.

(2) *Pappi Alexandrini mathematicæ collectiones*, in præf. lib. VII.

(3) *Apollonii Pergæi de Sectione rationis*, in præf. ad lectorem p. penultima.

(4) *R. Simson opera quædam reliqua*, p. 350.

(5) *Comptes rendus*, t. LIII, p. 705.

pia, et semina tantum multarum et magnarum rerum sparsisse videtur. Haec autem juxta hypothesium differentias minime distinguenda sunt ; sed secundum differentias accidentium et quaesitorum. Hypotheses quidem omnes inter se differunt, cum specialissimae sint : accidentium vero et quaesitorum unumquodque, cum sit unum idemque multis diversisque hypothesibus contingit (1).

Ici on trouve, sous forme de note, ce commentaire : *Ex. gr. Multa sunt Porismata quae diversas hypotheses habent, sed quae omnia concludunt punctum aliquod tangere rectam positione datam ; vel rectam aliquam vergere ad punctum datum, etc.* (2).

Pour savoir ce que R. Simson a compris, il suffit de rétablir le mot à mot qu'il a dû faire sur le texte grec, en conservant autant que possible les termes employés dans sa traduction, et en particulier *rerum*, qui devrait être remplacé par *multitudinum* ou par un équivalent dans une traduction exacte. Voici ce mot à mot : *Per omnia Porismata videtur prima principia et semina tantum rerum multarum et magnarum sparsisse, quarum unamquamque minime juxta hypothesium differentias distinguere oportet, sed, etc.* La phrase grecque, qui est très-longue, va jusqu'au mot *contingit*, le dernier du passage cité. On voit que Simson, dans sa rédaction définitive, a partagé cette phrase en plusieurs autres ; et que le pronom *haec*, au commencement de la seconde, correspond à *quarum*, et qu'il désigne les *nombreuses et grandes choses* dont Euclide a répandu les germes dans tous les Porismes. Ces nombreuses et grandes choses, dont le grand énoncé de Pappus est un exemple, sont, pour Simson, *de nouveaux Porismes*, et c'est pour cela qu'il met au pluriel neutre ce pronom *haec*.

Le passage cité s'applique donc tout entier à ces nou-

(1) *R. Simson opera quædam reliqua*, p. 349

(2) *Ibidem*.

veaux Porismes, et par conséquent il en est de même de la note de Simson qui en est le commentaire. En effet, dans cette note, après avoir dit *Multa sunt Porismata*, il n'ajoute pas *Euclidis*, tandis que dans tout le reste de son livre, lorsqu'il parle des Porismes d'Euclide, il ne manque jamais de le spécifier, comme on l'a vu notamment dans les art. IV et VIII. Il est évident que ce qu'il comprend, c'est tout simplement qu'en développant les germes déposés dans l'ouvrage d'Euclide on pourra rencontrer, *par exemple, beaucoup de Porismes qui, avec des hypothèses différentes, auront tous pour conclusion que quelque point est situé sur une droite donnée de position*; *ou bien que quelque droite passe par un point donné, etc*. En d'autres termes, parmi les Porismes que l'on trouvera ainsi, il y en aura beaucoup qui auront même conclusion que telle ou telle des propositions de l'ouvrage d'Euclide. On voit que, dans ces textes, Simson n'exprime en aucune façon les idées dont la priorité m'est contestée.

La commission trouve le moyen d'interpréter tout autrement ces mêmes textes, et voici de quelle manière. Elle ne cite le passage ci-dessus qu'à partir du pronom *haec*. De sa certaine science, pleine puissance et autorité académique, elle décide que ce mot doit se rapporter au contenu de l'ouvrage d'Euclide, parce qu'on trouve auparavant le terme *Porismata*. Elle ne daigne pas s'inquiéter du mot à mot, bien qu'elle ne puisse ignorer que dans la phrase grecque le sens commence avant la seconde phrase latine et se continue dans celle-ci (1).

Elle décide également, avec la même autorité, qu'après le mot *Porismata*, dans la note, on doit sous-entendre *Euclidis* (2).

De là elle passe à la signification du mot *inquirenda*, qu'elle fixe, comme on l'a vu dans l'art. VII, de manière à faire pen-

(1) *Comptes rendus*, t. LI, p. 1035.
(2) *Comptes rendus*, t. LIII, p. 706.

ser qu'elle parle du livre de R. Simson sans en connaître le contenu.

Parvenue à ce point de la discussion, la commission déclare qu'elle regarde son opinion sur la valeur de mes réclamations comme « suffisamment justifiée. » Elle ajoute que cependant elle va soumettre à un « examen sérieux » les passages du livre de R. Simson que j'ai cités à l'appui de ces réclamations.

XII. Elle propose, en premier lieu, une interprétation de ce passage dans lequel Simson exprime de la manière la plus formelle la pensée que Fermat n'aurait pu rétablir les 171 propositions d'Euclide, attendu qu'*il ne reste aucun vestige, absolument rien d'un grand nombre de ces propositions* (1). On a vu (art. VI) que cette interprétation imaginée par la commission n'a rien de sérieux.

Elle m'oppose ensuite ces mots qu'ajoute le géomètre de Glasgow : *At Fermatius ne vel primum primi enucleavit, quod unicum integrum servavit Pappus* (2). Ce dernier passage, où le mot *Porisma* est sous-entendu, signifie que *le pre-*

(1) Fermat est le seul des devanciers de Simson qui ait annoncé une restitution des Porismes dans des termes tels que l'on ait pu supposer qu'il promettait une restitution *complète;* naturellement il est le seul à qui Simson dénie la possibilité de tenir une telle promesse. (Voyez *Comptes rendus*, t. LIII, p. 708.)

(2) R. *Simson opera quædam reliqua*, p. 318. — Dans l'écrit que nous avons de Fermat sur les Porismes, ce géomètre donne cinq exemples de Porismes. Ces exemples sont des propositions mises sous la forme de théorèmes. La première a pour conclusion l'énoncé 21 de Pappus, la seconde l'énoncé 3, et la troisième l'énoncé 22. Il est évident que Simson n'aurait pas dit : *At Fermatius ne vel primum primi libri enucleavit*, s'il avait regardé les énoncés de Pappus comme étant *les choses à chercher* dans les Porismes, et la restitution de l'ouvrage d'Euclide comme se réduisant à trouver des propositions ayant pour conclusions ces énoncés. Fermat fait connaître dans son cinquième exemple ce qu'il entend par *la chose cherchée*. C'est la valeur d'un certain rapport, et, par conséquent, une inconnue de problème ordinaire. Il en est de même dans le livre de Simson, ainsi que nous l'avons expliqué dans l'art. VII.

mier Porisme du premier livre est le seul que l'on trouve conservé entier dans Pappus. C'est ce que Simson explique lui-même quelques lignes plus loin en ces termes : *le premier Porisme du premier livre, lequel, comme il a été dit, seul de tous dans les trois livres, reste encore entier* (*primum lib. i. Porisma, quod, ut dictum fuit, solum ex omnibus in tribus libris integrum adhuc manet*) (1).

La commission prétend que, dans ces mots *quod unicum integrum servavit Pappus,* non-seulement Simson exprime ce fait matériel, mais encore il attribue à Pappus un rôle actif, et veut dire que ce géomètre n'a conservé qu'un seul Porisme à l'état de proposition ; ou, ce qui est la même chose, que les 29 énoncés nous sont parvenus tels que Pappus les a écrits. La commission fait remarquer, à ce sujet, que ces mots *Pappus servavit* se rencontrent en plusieurs endroits du *Traité des Porismes*, et, suivant elle, Simson, en employant cette locution, attribue à Pappus un rôle actif (2).

Il est parfaitement vrai que Simson fait usage de cette locution plusieurs fois dans son *Traité des Porismes ;* on peut ajouter qu'on la rencontre pareillement dans d'autres écrits de cet auteur ; d'où il suit qu'elle doit avoir pour lui une signification bien déterminée et toujours la même. Mais cette signification ne peut pas être celle que la commission prétend avoir été dans la pensée de Simson. Cela résulte notamment du passage que voici (la commission elle-même le cite) : *Solus enim Pappus nomina et argumenta librorum quos de ea scripserunt Veteres servavit*(3). Il s'agit des titres et de l'indication du contenu des ouvrages que les anciens ont écrits sur l'analyse. Si l'on admet, avec la commission, que les mots *Pappus servavit* doivent s'entendre ici d'une action accomplie par Pappus

(1) *R. Simson opera quædam reliqua*, p. 319.
(2) *Comptes rendus*, t. LIII, p. 709.
(3) *R. Simson opera quædam reliqua*, p. 513.

personnellement, Simson se trouvera avoir voulu dire que, parmi tous les géomètres de l'antiquité qui ont pu avoir connaissance de ces ouvrages, Pappus était le seul qui en avait conservé les titres et l'indication de leur contenu; que, par conséquent, sur tant d'écrits dont nous regrettons la perte, il n'y en avait aucun qui aurait pu nous procurer ces renseignements, et qu'on ne les aurait même pas trouvés dans les six livres que Geminus avait consacrés à l'histoire de la Géométrie ! Telles sont les opinions « absurdes et niaises (1) » qu'il faut prêter à Simson pour attribuer, dans ce passage, un rôle personnel à Pappus.

Il est évident que le passage en question doit être traduit de cette manière : *Car c'est dans Pappus seul que les titres et l'indication du contenu des livres que les anciens avaient écrits sur cette analyse nous ont été conservés.* En d'autres termes, dans cette locution *Pappus servavit*, le mot Pappus représente, pour Simson, les écrits de Pappus, comme quand nous disons *traduire Pappus*, et non pas ce géomètre lui-même. Les conséquences que la commission prétend tirer de ces mots *quod unicum integrum servavit Pappus* ne sauraient donc être admises.

XIII. La commission aborde avec la même confiance dans son autorité, les preuves qui établissent que Simson a considéré les 29 énoncés comme n'étant autre chose que 29 des 171 propositions d'Euclide.

1° Simson dit du 27ᵉ énoncé : *Quod quidem Porisma videtur antepenultimum esse Lib. 3. Euclidis*, puis du 28ᵉ : *Porisma penultimum Lib. 3. Euclidis ;* puis du 29ᵉ : *Porisma ultimum Lib. 3. Porismatum Euclidis* (2). Voici donc trois de ces énoncés auxquels il applique le nom de *Porisme ;* qui sont, par conséquent, pour lui, des propositions individuelles.

(1) *Comptes rendus*, t. LI, p. 1046, au commencement et à la fin.
(2) *R. Simson opera quædam reliqua*, p. 455, 463 et 471.

La commission confesse ne pouvoir expliquer ce fait qu'en supposant que Simson a pu laisser dans son ouvrage une expression impropre, qu'il en aurait fait disparaître s'il l'avait publié lui-même. Elle dit : « Simson a déclaré nettement qu'il « y a beaucoup de Porismes dans lesquels les hypothèses sont « différentes et qui ont cette même conclusion que *quelque* « *droite passe pour un point donné, ou, etc.*, et il est impos- « sible d'admettre que cette affirmation, si nettement exprimée, « soit contredite et réduite à néant par le seul fait de l'emploi « du mot *Porisme*, pour désigner trois des énoncés de Pappus. » Mais c'est tout à fait gratuitement que la commission prête cette déclaration à R. Simson (art. XI). Il ne reste sur ce point que l'aveu de son impuissance à expliquer les passages cités, tels que ce géomètre les a écrits.

N'oublions pas que les énoncés 6 et 15 sont aussi des Porismes pour Simson, comme on l'a vu dans l'art. VIII.

Au surplus, cet auteur n'est pas le seul qui ait appelé, dans ce sens, les énoncés de Pappus des *énoncés de Porismes*. C'est ce que fait, par exemple, M. Chasles, en annonçant qu'il a trouvé une *interprétation* assez naturelle des 24 *énoncés de Porismes* que n'a pas établis Simson, et en considérant ensuite les 15 premiers énoncés comme les *Porismes du premier livre* (1).

2° Ce que Simson dit en particulier de ces énoncés 6, 15, 27, 28 et 29, il le dit des 29 énoncés, en ces termes : *Perspicuum est propositiones has omnes, prima excepta, omnino mancas et imperfectas esse*. Ce passage exprime deux jugements successifs. L'un porte sur la nature des 29 énoncés ; Simson commence par dire : *Il est manifeste que toutes ces propositions;* ce qui signifie que pour lui ces 29 énoncés sont 29 des 171 propositions que renfermait l'ouvrage d'Euclide. C'est ainsi que quand M. Chasles dit · *Pappus, il est vrai,*

(1) *Aperçu historique*, note III, p. 279.

nous a transmis les énoncés de trente propositions appartenant à ces Porismes (1) ; ou bien, en parlant de l'ouvrage de Simson : *Nous n'y trouvons de rétablis que six des trente propositions énoncées par Pappus* (2), ou bien encore, en parlant des 29 énoncés, *ces propositions obscures* (3). il est parfaitement clair pour tout le monde qu'il regarde ces 29 énoncés comme n'étant autre chose que 29 des 171 propositions d'Euclide, et qu'il donne au mot *proposition* le seul sens qu'on lui connaisse en géométrie.

La commission *oublie* de s'expliquer sur ce premier jugement, lequel n'est autre chose que la première objection que j'ai faite le 28 mai 1860, dès qu'il a été question de la prétendue priorité de R. Simson (art. IX).

Le second jugement porte sur l'état dans lequel Simson croit que *toutes ces propositions*, la première exceptée, nous sont parvenues ; ce qui doit être l'objet de l'article suivant.

En définitive, la commission est demeurée impuissante en présence des témoignages qui prouvent que dans la pensée de Simson les 29 énoncés n'étaient autre chose que 29 des 171 propositions que renfermait l'ouvrage d'Euclide.

XIV. Je réunis dans le présent article tout ce qui se rapporte à l'état dans lequel Simson croyait que les énoncés de Pappus nous étaient parvenus.

1° Après avoir exprimé dans les premiers mots de ce passage : *Perspicuum est propositiones has omnes, prima excepta, omnino mancas et imperfectas esse*, que les 29 énoncés de Pappus sont des *propositions*, Simson ajoute que toutes ces propositions, la première exceptée, sont *absolument tronquées et défectueuses*. Suivant la commission, ce qu'il veut exprimer, c'est que *toutes ces propositions sont incomplètes et imparfaites* par le manque

(1) *Aperçu historique*, p. 12.
(2) *Aperçu historique*, p. 275.
(3) *Traité de géométrie supérieure*, p. XLIV.

d'hypothèses (1). Mais, en premier lieu, des *propositions* incomplètes et imparfaites par le manque d'hypothèses ne sont que des *propositions individuelles*. Le mot *proposition* n'admet pas d'autre sens en géométrie ; et, d'ailleurs, lors même que Simson aurait signalé le manque d'hypothèses (ce qui n'est pas) il ne pourrait être censé, sans autre preuve, avoir compris que chacun des 29 énoncés répondait à plusieurs propositions de l'ouvrage d'Euclide (art. IV). En second lieu, la commission oublie de traduire l'adverbe *omnino*, dont j'avais cependant signalé l'importance. Cette interprétation n'est donc pas sérieuse.

2° La pensée de Simson, sur l'état dans lequel ces énoncés nous sont parvenus, se manifeste encore avec évidence dans ce qu'il dit de quelques-uns en particulier. Voici, par exemple, comment il s'exprime au sujet du 27° : *Cette description certainement mutilée, et peut-être corrompue, paraît devoir être rétablie et expliquée comme on l'a fait dans la proposition suivante* (*Descriptio haec mutila certe, et forsan corrupta, ita supplenda et explicanda videtur, ut in propositione sequente*) (2). On voit que Simson considère le texte de cet énoncé comme *mutilé*, c'est à-dire comme ne nous étant pas parvenu tel que Pappus l'a écrit, et qu'il espère l'avoir remis dans l'état où il était primitivement dans les manuscrits.

Suivant la commission, le mot *mutila* se rapporte à l'absence d'hypothèse (3). Mais Simson ne parle aucunement d'hypothèse. Il s'agit d'un texte qui lui semble être *certainement mutilé*, et peut-être corrompu, et qui, lorsqu'on connait la pensée de Pappus, se trouve n'être ni mutilé ni corrompu. La commission n'a pas encore répondu sérieusement.

3° Enfin Simson, après avoir donné la proposition LXVII, la dernière de celles qu'il regarde comme ayant dû appartenir à

(1) *Comptes rendus*, t. LIII, p. 712.

(2) *R. Simson opera quædam reliqua*, p. 455.

(3) *Comptes rendus*, t. LIII, p. 712.

l'ouvrage d'Euclide (1), remercie Dieu de lui avoir accordé le courage et les forces sans lesquels il n'aurait pu venir à bout de rétablir ces propositions, tant la description que donne Pappus *est laconique et obscure et altérée par l'injure du temps ou par d'autres causes* (*adeo brevis est et obscura, et injuriâ temporis aut aliter vitiata*) (2). Par ces derniers mots il fait allusion, évidemment, à la disparition des hypothèses des 28 énoncés autres que le premier, à 50 lacunes dont il figure 48 par des séries de points consécutifs et 2 par des astérisques, et enfin à la corruption du texte en divers endroits.

Ici encore la commission me contredit. Elle trouve l'explication de ces altérations *par l'injure du temps ou par d'autres causes* « dans le fait de dix lacunes signalées par Simson, savoir « trois par des astérisques et auxquelles le géomètre de Glascow ne cherche pas à suppléer, et sept autres auxquelles il « supplée par des mots écrits en italiques (3). »

Cette explication, j'ai le regret de le constater, n'est pas plus sérieuse que les précédentes. Les mots écrits en italique, dont parle la commission, ne répondent point à des lacunes. Ce sont des explications incidentes, ajoutées par Simson à sa traduction des 29 énoncés. La première se rapporte au premier énoncé, que Simson lui-même dit être complet, et dans lequel, par conséquent, il ne peut supposer une lacune. Cette explication est, d'ailleurs, précédée des initiales *i. e.* qui signifient *c'est-à-dire*, et les guillemets qui accompagnent les énoncés sont interrompus dans toute son étendue. De sorte que, sur les dix lacunes comptées par la commission, il faut d'abord en re-

(1) *Atque haec sunt Loca et Porismata, ea scilicet quae habentur inter Propositiones praecedentes a septima usque ad hanc, quae Euclidis esse dignoscere valebam...* (*R. Simson opera quædam reliqua*, p. 513.) Parmi ces propositions, celles qui portent les numéros 47, 48, 66 et 67 sont désignées par Simson sous le nom de *Porismes*, et cependant leurs conclusions ne figurent point parmi les 29 énoncés.

(2) *R. Simson opera quædam reliqua*, p. 513.

(3) *Comptes rendus*, t. LIII, p. 713.

trancher sept. Sur les trois qui restent, il faut en retrancher encore une ; il s'agit d'un astérisque simple que la commission a pris pour l'indication d'une lacune, et qui n'est qu'un renvoi de note, comme on en trouve de nombreux exemples dans le volume même dont le *Traité des Porismes* fait partie, et comme c'est d'ailleurs l'usage dans la typographie anglaise. La note, bien entendu, est au bas de la page. Il reste, en définitive, deux lacunes indiquées par des astérisques doubles, d'après Halley, dans les énoncés 9 et 11. Or Simson n'a pas présenté de restitutions pour ces deux énoncés. Ce n'est donc pas à ces lacunes qu'il fait allusion dans le passage cité. En définitive, il ne reste, de toute cette explication, que les bévues vraiment incroyables dans lesquelles la commission est tombée.

XV. La commission, après cette « explication, » déclare ne vouloir pas me suivre plus loin en ce qui concerne les idées que R. Simson s'était faites sur les 29 énoncés de Pappus. Elle regarde tout ce que j'ai pu dire à ce sujet comme complétement réfuté par « ce qui précède. »

Quant à ma réclamation vis-à-vis de M. Chasles, la commission y répond en ces termes : « Cette question de priorité étant « résolue, d'après nous, en faveur du géomètre Simson, comme « l'a toujours dit M. Chasles, il n'y a pas lieu de prendre en « considération les critiques que M. Breton dirige contre notre « confrère. »

Dans ces mots, *comme l'a toujours dit M. Chasles*, il y a un *fait supposé*. Avant que j'eusse réclamé, M. Chasles avait toujours attribué à R. Simson des idées qui excluent cette priorité (art. III).

Tel est le prétexte que la commission a mis en avant pour ne pas vouloir examiner, dans son rapport, la question de savoir si M. Chasles est fondé à prétendre *que dès l'année 1835 il a considéré les 29 énoncés de Pappus comme résumant les*

171 *propositions d'Euclide*. Cette question était dans l'origine la seule que j'eusse soulevée en présence des assertions de M. Chasles. Le public géomètre ne prendra pas le change, et se chargera de la résoudre.

Vient enfin la *conclusion* du rapport, laquelle exprime un fait *matériellement faux* (art. V).

Ici se termine ce que j'avais à dire sur cette question de priorité et sur ce rapport que MM. Bertrand et Serret n'ont pas craint de présenter à la sanction de l'Académie.

Cependant je n'ai pas fini encore. En effet, d'une part M. Chasles ne s'est pas borné à travestir la vérité historique. Il a traité de la même manière les idées que j'ai émises sur les Porismes (1), comme s'il eût craint de les voir se répandre. D'autre part ses assertions (2), répétées avec complaisance par M. Bertrand et Serret (3), tendent à faire croire que mes publications ne fournissent aucun moyen de restituer conjecturalement les propositions qui formaient les trois livres perdus. Il m'importe donc de rétablir la vérité sur tous ces points. Tel est l'objet des pages suivantes.

(1) *Comptes rendus*, t. LI, p. 1018, 1031, 1060.

(2) *Les trois livres de Porismes*, etc., p 9 et 10, en note. — *Comptes rendus*, t. LI, p. 1050.

(3) *Comptes rendus*, t LIII, p. 702.

CE QUE C'EST QU'UN PORISME.

EN QUOI CONSISTE PRÉCISÉMENT LA QUESTION A RÉSOUDRE.

Afin de faire bien comprendre la nature de la question, je rappellerai d'abord dans quels termes elle était posée par mes devanciers, et ce qui, à leurs yeux, en faisait la difficulté. Voici comment s'exprimait M. Chasles, en 1837, dans son exposé des travaux de tous les géomètres depuis les temps les plus anciens jusqu'à nos jours :

« Pappus et Proclus sont les seuls géomètres de l'antiquité « qui aient fait mention des *porismes;* mais déjà, au temps « du premier, la signification de ce mot s'était altérée, et les « définitions qu'il nous en donne sont obscures. Celles de « Proclus n'est pas propre à éclaircir les premières. Aussi, ça « été une grande question parmi les Modernes, de savoir la « nuance précise que les Anciens avaient établie entre les théo- « rèmes et les problèmes d'une part, et ce troisième genre de « propositions, appelées *porismes*, qui participaient, à ce qu'il « paraît, des uns et des autres, et de savoir particulièrement « ce qu'étaient les *porismes* d'Euclide (1). »

(1) *Aperçu historique*, p. 12. M. Chasles continue en ces termes : « Pappus, il est vrai, nous a transmis les énoncés de trente propositions « appartenant à ces *porismes*, mais ces énoncés sont si succincts, et sont « devenus si défectueux par des lacunes et l'absence des figures qui « s'y rapportaient, que le célèbre Halley, si profondément versé dans la « Géométrie ancienne, a confessé n'y rien comprendre, et que, jusque vers « le milieu du siècle dernier, bien que des géomètres d'un grand mérite « (*voyez* la Note III) aient fait de cette matière l'objet de leurs méditations, « aucun énoncé n'avait encore été rétabli. »

M. Chasles donne « suite, » dans cette note III à laquelle il renvoie, au paragraphe de son exposé historique qui est spécialement consacré à la question des Porismes. (*Aperçu historique*, p. 14-15.)

Je vais placer sous les yeux du lecteur ces définitions du Porisme que Pappus et Proclus nous ont transmises, avec les explications dont elles sont accompagnées dans les écrits de ces deux géomètres. Je donnerai ensuite plusieurs exemples qui mettront en évidence le caractère propre des propositions ainsi appelées par les anciens, et d'après lesquels on pourra se former une idée exacte de ce que devait être l'ouvrage perdu d'Euclide.

NOTICE DE PAPPUS SUR LES PORISMES D'EUCLIDE (1).

Cette Notice fait partie de la préface du VIIe livre des *Collections mathématiques*. Dans cette préface, l'un des morceaux les plus précieux qui nous soient parvenus sur la géométrie des Grecs, Pappus donne la liste de divers ouvrages d'Euclide, d'Apollonius et d'Aristée l'Ancien (2), dont on avait formé une collection destinée spécialement aux études de ceux qui voulaient se mettre à même d'entreprendre des recherches géométriques. Il décrit dans la même préface 9 de ces traités. Sur ce nombre, 3 sont arrivés jusqu'à nous, en tout ou en partie. Parmi les 6 autres se trouvent les *Porismes* d'Euclide.

(1) *Pappi Alexandrini mathematicæ collectiones*, lib. VII, in præf. — Pour le texte grec, voyez *Apollonii Pergæi de Sectione rationis* in præf., et le *Journal de mathématiques pures et appliquées*, publié par M. Liouville, 1re série, t. XX, p. 211, en note.

J'ai déjà donné deux traductions de cette Notice, dans ce même *Journal de mathématiques*, 1re série, t. XX, p. 211 ; 2e série, t. III, p. 91. Celle que je donne aujourd'hui est donc la troisième. Elle diffère des précédentes dans certains passages dont je note les plus importants. Les résultats essentiels de mes recherches restent d'ailleurs les mêmes.

(2) Ces trois géomètres, les premiers qui aient illustré l'école d'Alexandrie, florissaient dans le troisième siècle avant Jésus-Christ. Pappus, qui appartenait à la même école, vivait vers l'an 400 de notre ère.

« Après les *Contacts* viennent les *Porismes* d'Euclide en « trois livres, recueil dans lequel un art ingénieux a réuni « beaucoup de choses utiles pour la résolution des problèmes « les plus compliqués et pour les recherches de tout genre. « Ces choses, de leur nature, s'offrent en abondance illimitée. « Cependant il n'en a été ajouté aucune à celles que renferme « l'ouvrage primitif d'Euclide ; seulement certains d'entre nos « devanciers ont formé, pour quelques-unes, de seconds énon- « cés, mais bien mal à propos ; car chacune d'elles est l'objet « de plusieurs démonstrations, comme nous l'expliquons; mais « Euclide n'en donne, chaque fois, qu'un énoncé unique, qui en « est l'expression la plus claire. »

On verra plus loin que ces choses sont des *faits géométriques ;* c'étaient probablement ceux que l'on rencontrait le plus souvent dans l'étude des propriétés ou des *événements* des figures, comme disait Desargues il y a deux siècles. On peut penser aussi que le choix d'Euclide s'était porté plus particulièrement sur ceux de ces faits géométriques pour lesquels il possédait des méthodes générales propres à les reconnaitre et à les mettre en évidence dans tous les cas. En effet, Pappus continue en ces termes :

« La théorie mise en usage dans ces trois livres est à la fois « fine, naturelle, nécessaire et très-générale, et propre à faire « les délices de ceux qui sont en état de voir et de trouver. »

Il ne nous reste aucune indication certaine sur ces théories dont Pappus fait ainsi l'éloge. Cet auteur, il est vrai, donne 38 Lemmes relatifs à ces Porismes ; mais il est évident que ces Lemmes n'ont pu appartenir à l'ouvrage d'Euclide. Pappus n'a dû introduire dans son recueil que des propositions qui pouvaient servir à faciliter certaines démonstrations, et que l'on ne trouvait pas dans les trois livres. Ces Lemmes, dont Pappus est peut-être l'auteur, appartiennent à une géométrie plus récente que celle d'Euclide, et rien n'autorise à croire que certains principes qu'on y remarque, par exemple ceux de la géométrie des transversales, étaient en usage dans les Porismes. Pappus reprend :

« Les diverses espèces des Porismes ne sont, quant à la « forme, ni des théorèmes, ni des problèmes, mais tiennent, en « quelque sorte, le milieu entre les deux ; de telle façon qu'il est « facultatif d'en mettre les énoncés sous la forme qui convient « aux théorèmes aussi bien que sous celle qui convient aux « problèmes : d'où il est résulté que, parmi beaucoup de géo- « mètres, les uns estiment qu'ils appartiennent au genre « des théorèmes, tandis que d'autres, ne tenant compte que « de la forme des énoncés, les considèrent comme apparte- « nant au genre des problèmes.

« Mais les différences entre ces trois genres ont été mieux « connues des Anciens, ainsi qu'on le voit par leurs défini- « tions; car ils disaient que *le théorème est ce qui est proposé* « *comme étant à démontrer; le problème, ce qui est proposé* « *comme étant à construire ; le Porisme, ce qui est proposé* « *comme étant à trouver*.

« Cette définition du Porisme a été changée par les Mo- « dernes qui n'étaient point en état de trouver. Se prévalant « de ce qu'ils voyaient dans ces livres qui renferment les « éléments de la doctrine des Porismes, et se bornant à y « montrer la chose seule qui est demandée, sans passer par « les raisonnements qui la font trouver, et se mettant, d'ail- « leurs, en contradiction avec la définition et avec ce qui est « enseigné, ils ont écrit d'après ce qui arrive accidentellement « dans ces Porismes : *le Porisme est ce qui manque à une* « *hypothèse de théorème local*.

« Dans le genre des Porismes, les Lieux sont compris comme « espèce, et ils abondent dans la collection dont l'ouvrage « d'Euclide fait partie. On en a formé, en dehors des Porismes, « des recueils qui ont été donnés sous des titres particuliers, « à cause que cette espèce est beaucoup plus nombreuse que « les autres. On compte, en effet, dix sortes de Lieux : les uns

« sont *plans*, d'autres *solides*, d'autres *linéaires*; et il y a, en « outre, ceux *aux moyennes* (1).

« Il arrive encore aux Porismes ceci, de présenter des énon- « cés très-peu explicites, où plusieurs choses sont ordinaire- « ment sous-entendues, ce qui est une cause d'incertitude ; de « sorte que beaucoup de géomètres ne saisissent qu'en partie ce « dont il s'agit, et que ce qu'il y a de plus essentiel leur « échappe.

« Quant à réunir beaucoup de propositions dans un seul « énoncé, cela n'est guère possible dans les Porismes, parce « qu'Euclide lui-même n'en donne pas beaucoup de chaque « espèce, mais seulement un ou peu comme échantillons pris « dans un grand nombre. Cependant il en a donné d'analogues « entre elles au commencement de son premier livre. Elles « appartiennent à cette espèce des Lieux qui sont tellement « nombreux que l'on en compte jusqu'à dix sortes. C'est pour- « quoi nous trouvons possible de les comprendre dans un seul « énoncé, que nous écrivons comme il suit :

« *Si dans une figure formée par quatre droites qui se « coupent deux à deux consécutivement, les trois points d'in- « tersection de l'une d'elles avec les trois autres, ou les deux « quand elle est parallèle à l'une de celles-ci, sont donnés, et « que chacun des points d'intersection restants, excepté un, « se trouve situé sur une droite donnée de position, le dernier « se trouvera situé aussi sur une droite donnée de posi- « tion.*

« Il s'agit ici de quatre droites seulement, dont pas plus de « deux ne passent par un même point. Mais ce que l'on ne sait « pas, c'est que la même chose se trouve être vraie pour tel « nombre de droites qu'on voudra, étant énoncée de cette ma-

(1) Dans cet alinéa j'ai abandonné le texte de Halley, que j'avais d'abord suivi ; et je suis revenu à celui des deux manuscrits de la Bibliothèque impériale de Paris, qui paraît avoir servi de base à la version de Commandin.

« nière : *Si tant de droites qu'on voudra se coupent les unes*
« *les autres, mais pour plus de deux en un même point, et*
« *que tous les points où l'une d'elles est rencontrée par les*
« *autres soient donnés, qu'en même temps chacun des points*
« *où l'une de ces dernières est coupée par les droites res-*
« *tantes se trouve situé sur une droite donnée de position ;*
« ou plus généralement : *Si tant de droites qu'on voudra se*
« *coupent les unes les autres, mais pas plus de deux en un*
« *même point, et que tous les points où l'une d'elles est ren-*
« *contrée par les autres soient donnés, qu'en même temps*
« *parmi les points d'intersection de ces dernières, lesquels*
« *forment un nombre triangulaire, il s'en trouve autant*
« *qui soient situés chacun sur une droite donnée de posi-*
« *tion qu'il y a d'unités dans le côté de ce nombre, de*
« *telle sorte que trois de ces points ne puissent être les*
« *sommets d'un espace triangulaire [compris entre trois*
« *des droites variables], chacun des points d'intersection*
« *restants se trouvera situé aussi sur une droite donnée de*
« *position.*

« Il n'est pas vraisemblable que l'auteur des *Éléments* ait
« ignoré cette proposition, mais il n'aura voulu en poser que le
« principe. Et il parait, dans tous ses Porismes, n'avoir fait
« autre chose que répandre les principes et les semences de
« nombreuses et grandes foules de propositions ; foules qu'il
« faut distinguer les unes des autres, non pas par les diffé-
« rences des hypothèses, mais par celles des choses qui
« arrivent ou qui sont cherchées. Car, tandis que toutes les
« hypothèses diffèrent entre elles et sont tout à fait particu-
« lières, chacune des choses qui arrivent ou qui sont cherchées
« se présente unique et la même dans plusieurs hypothèses
« différentes ; et c'est en cela que ces Porismes sont les mêmes
« par le genre (1). »

(1) Ce dernier membre de phrase se trouve dans les manuscrits nos 2368

Nous arrivons maintenant à la description du contenu des trois livres d'Euclide; description qui en résume la substance sous une forme dont il n'existe aucun autre exemple dans la géométrie :

« Il faut, en conséquence, continue Pappus, faire des choses « qui sont l'objet des propositions du premier livre les genres « ci-après. Au commencement du § 7, il y a cet énoncé (1) :

« [1] *Si de deux points donnés on mène deux droites se « coupant sur une droite donnée de position, et que l'une « d'elles retranche d'une droite donnée de position un segment « à partir d'un point donné sur cette dernière, la seconde « retranchera aussi d'une autre droite un segment ayant « avec le premier une raison donnée.*

« Et dans les §§ suivants :

« [2] *Que tel point est situé sur une droite donnée de « position.*

« [3] *Que la raison de telle droite à telle autre est « donnée.*

« [4] *Que la raison de telle droite à une certaine abscisse « est donnée.*

« [5] *Que telle droite est donnée de direction.*

« [6] *Que telle droite passe par un point donné.*

« [7] *Que la raison de telle droite à certain segment me- « suré depuis tel point jusqu'à un point donné, est donnée.*

et 2440 de la Bibliothèque impériale de Paris et dans la version de Commandin. R. Simson ne l'a pas reproduit.

(1) Le mot grec que je traduis par *énoncé* a été traduit jusqu'à présent par *figure*. Dans ma première publication sur les Porismes (*Comptes rendus*, t. XXIX, p. 482), j'avais exprimé la pensée qu'il n'était nullement question de figures dans ce texte; mais j'ai traduit ensuite comme tout le monde, en me voyant seul de mon avis. Depuis lors j'ai appris que ma première interprétation s'est offerte aussi à l'esprit du savant M. Bienaymé, et je n'hésite plus à y revenir.

« [8] *Que la raison de telle droite à certaine autre menée*
« *de tel point, est donnée.*

« [9] *Que la raison de tel espace au rectangle qui a pour*
« *côtés telle droite et une droite donnée, est donnée.*

« [10] *Qu'une portion de tel espace est donnée, tandis que*
« *l'autre est en raison donnée avec certaine abscisse.*

« [11] *Que tel espace est en raison donnée avec certaine*
« *abscisse, ou bien que cet espace se trouve joint à certain*
« *espace donné, et que le tout est en raison donnée avec cer-*
« *taine abscisse* (1).

« [12] *Que telle droite, plus une autre avec laquelle telle*
« *autre droite a une raison donnée, est dans une raison don-*
« *née avec certain segment compris entre tel point et un*
« *point donné.*

« [13] *Que le triangle qui a pour sommet un point donné*
« *et pour base telle droite, est égal au triangle qui a pour*
« *sommet un autre point donné et pour base la droite comprise*
« *entre tel point et un point donné.*

« [14] *Que la raison de telle droite, plus telle autre droite*
« *à certain segment compris entre tel point et un point donné,*
« *est donnée.*

« [15] *Que telle droite intercepte, sur des droites données*
« *de position, des segments qui comprennent un rectangle*
« *donné.*

« Dans le second livre, les hypothèses sont autres que dans
« le premier, mais le plus grand nombre des choses cherchées
« sont les mêmes ; il y a, en outre, celles-ci :

« [16] *Que tel espace ou bien est en raison donnée avec*
« *certaine abscisse, ou bien, lorsqu'on y joint certain espace*
« *donné, est en raison donnée avec certaine abscisse.*

(1) Dans le texte grec, il paraît manquer quelque chose à la régularité grammaticale, ce qui a fait supposer qu'il était incomplet : je crois en avoir donné le véritable sens.

« [17] *Que le rectangle qui a pour côtés telle droite et telle*
« *autre droite, est en raison donnée avec certaine abscisse.*

« [18] *Que le rectangle dont un des côtés est la somme de*
« *telle droite et de telle autre, et l'autre côté la somme de*
« *deux autres droites, est en raison donnée avec certaine*
« *abscisse.*

« [19] *Que le rectangle qui a pour côtés telle droite et telle*
« *autre droite, plus une troisième qui est en raison donnée*
« *avec une quatrième, et le rectangle qui a pour côtés telle*
« *droite et la droite qui est en raison donnée avec une autre*
« *droite, forment une somme qui est en raison donnée avec*
« *certaine abscisse.*

« [20] *Que la somme de tel rectangle et de tel autre est en*
« *raison donnée avec la droite comprise entre tel point et un*
« *point donné.*

« [21] *Que le rectangle de telle droite et de telle autre*
« *droite est donné.*

« Dans le troisième livre, le plus grand nombre des hypo-
« thèses sont relatives au demi-cercle. Dans quelques-unes il
« s'agit du cercle entier et de segments. Quant aux choses qui
« sont l'objet de propositions, la plupart sont à peu près sem-
« blables aux précédentes. Il y a, en outre, celles-ci :

« [22] *Que la raison du rectangle de telles droites au rec-*
« *tangle de telles autres droites est donnée.*

« [23] *Que le quarré construit sur telle droite est en raison*
« *donnée avec certaine abscisse.*

« [24] *Que le rectangle de telles droites est égal au rec-*
« *tangle qui a pour côtés une droite donnée et le segment*
« *compris entre tel point et un point donné.*

« [25] *Que le quarré construit sur telle droite est égal au*
« *triangle qui a pour sommet un point donné, et pour base la*
« *droite interceptée par une perpendiculaire, à partir d'un*
« *point donné.*

« [26] *Que le rectangle qui a pour côtés la somme de telle « droite et de telle autre, et la droite qui est en raison donnée « avec telle autre droite, est en raison donnée avec certaine « abscisse.*

« [27] *Qu'un certain point est donné, qui jouit de cette « propriété que les droites menées à ce point embrasseront « un triangle donné d'espèce.*

« [28] *Qu'un certain point est donné, qui jouit de cette « propriété que les droites menées à ce point interceptent des « arcs égaux.*

« [29] *Que telle droite ou bien sera parallèle à certaine « droite passant par le point donné, ou bien fera avec elle un « angle donné.*

« Il y a pour les trois livres des Porismes 38 Lemmes. Ces « livres renferment 171 Théorèmes. »

Avant la publication des premiers résultats de mes recherches, on avait toujours pris les 29 énoncés qui précèdent pour 29 de ces 171 propositions que renfermaient les trois livres d'Euclide, et on les avait traduits en conséquence (art. I, II, III et IV). Jusqu'au moment où j'ai signalé cette erreur, la question des Porismes n'a été qu'une énigme impénétrable.

INDICATIONS DE PROCLUS SUR LES PORISMES.

Les Porismes d'Euclide sont mentionnés en deux endroits du Commentaire en quatre livres qu'a composé le célèbre philosophe néoplatonicien Proclus sur le premier livre des *Éléments* d'Euclide (1). Il s'exprime d'abord en ces termes, à propos de la proposition 1 de ces *Éléments :*

(1) Le texte grec de ce commentaire se trouve à la suite des Éléments d'Euclide, publiés en grec à Bâle ; in-folio, 1533. Il a été traduit en latin

« *Porisme*, se dit de certains problèmes, tels que les Po-« rismes d'Euclide. » D'où l'on voit que les 171 propositions du *Traité des Porismes* avaient, en effet, la forme de problèmes. Proclus continue : « Mais il se dit plus particulièrement « lorsque des choses que nous avons démontrées, il en ap-« paraît en même temps quelque autre, qui est un théorème « que nous n'avons pas énoncé, et que pour cela on a appelé « *Porisme*, comme étant, en quelque sorte, un gain qui « s'ajoute, par aventure, à la démonstration qui répond à « l'objet qu'on avait en vue. » Ceci est une définition du *Corollaire*. Le mot grec πόρισμα sert, en effet, à désigner et les corollaires des *Éléments* et les Porismes.

Cette définition du Corollaire a été prise quelquefois pour une définition du Porisme. Cela est arrivé à Bouillaud (1) et à M. Chasles (2).

Plus loin, à propos d'un corollaire qui accompagne la proposition 15 du premier livre des *Éléments*, mais que l'on ne trouve pas dans tous les manuscrits, ni dans toutes les éditions, Proclus dit : « le mot *Porisme* est un des termes « employés en géométrie. Il a deux significations différentes. « On appelle en effet *Porismes* tous les *théorèmes* qui se « trouvent démontrés dans des propositions dont ils ne sont « pas l'objet, et qui sont comme des présents de Mercure et « des gains dont on profite chemin faisant; et tous *ceux* qui « sont expressément l'objet de propositions, mais qu'il faut « *trouver*, de sorte qu'il ne s'agit pas seulement de faire « quelque construction, ou de donner simplement une dé-

par Barocius (*Procli Diadochi in primum Euclidis Elementorum librum commentariorum libri* IV ; in-folio ; Patavii, 1560).

(1) *Ismaelis Bullialdi Exercitationes geometricæ tres*, in-4° ; Paris, 1657, p. 37.

(2) « Proclus a donc raison de dire qu'il s'agit, dans les Porismes, de « *l'invention d'une chose que l'on ne recherche et que l'on ne considère point pour elle-même.* » (*Aperçu historique*, Note III, p. 270.)

monstration. Que l'on énonce que *les angles à la base d'un triangle isocèle sont égaux*, c'est là une chose dont on demande la démonstration, et il en est ainsi de toutes les choses qui *sont*. Qu'il s'agisse de *partager un angle donné en deux parties égales*, ou bien de *construire un triangle*, ou bien *de retrancher une droite d'une autre*, ou bien encore de *placer une droite (égale à une droite donnée de manière que l'une de ses extrémités soit en un point donné)* (1), dans chacun de ces énoncés, ce que l'on demande est de faire quelque opération. Mais que l'on propose de *trouver le centre d'un cercle donné*, ou bien de *trouver la plus grande commune mesure de deux grandeurs commensurables* (2), ces questions et toutes celles du même genre tiennent en quelque sorte le milieu entre les problèmes et les théorèmes. En effet, dans de tels énoncés, ce qui est proposé, ce n'est pas de faire telle ou telle opération, mais de *trouver* l'objet de la question, et cet objet n'est pas offert simplement à la contemplation du géomètre ; on demande, au contraire, à celui-ci de l'*amener à la vue*, de le placer devant les yeux. Tels sont les Porismes que l'on doit à Euclide et qui forment ses livres de *Problèmes*. »

Tout ce discours se rapporte à la forme des énoncés des Porismes (3) ; par suite de laquelle les géomètres étaient

(1) *Euclide*, liv. I, prop. 9, 1, 3, 2.

(2) Euclide, liv. III, prop. 1 ; et liv. X, prop. 3.

(3) Toutes les fois que l'on a voulu faire porter ce discours sur les démonstrations ou solutions qui suivent les énoncés cités par Proclus, on a été fort embarrassé d'y trouver en quoi un Porisme diffère précisément d'un problème proprement dit. Je me suis livré sur cette question à quelques conjectures que l'on peut voir dans mon mémoire de 1855. Depuis lors, M. Vincent (*Journal de mathématiques pures et appliquées*, publié par M. Liouville, 2e série, t. IV, p. 29, 42 et 43) et M. Chasles (*Les trois livres de Porismes*, etc., p. 46) se sont arrêtés à l'idée que, dans les deux questions dont Proclus cite les énoncés comme ayant la forme des énoncés des Porismes, *la chose demandée est une conséquence implicite de l'hypothèse*. Ainsi, la construction d'un triangle dont les côtés sont donnés

divisés sur la question de savoir si l'on devait considérer les propositions d'Euclide comme des théorèmes ou comme des problèmes (*voyez* ci-dessus, p. 41). Dans les deux passages que nous venons de citer, Proclus les appelle des *problèmes;* tandis que Pappus, à la fin de sa Notice, semble vouloir exprimer que ce sont des théorèmes.

EXEMPLES DE PORISMES.

(Le lecteur est prié de faire les figures.)

I. *Sur une droite* AX *donnée de position, on prend, à partir d'un point donné* A, *et d'un même côté de ce point, des longueurs* AE, AF *qui soient entre elles dans une raison donnée* (1) ; *par les points* E, F, *on mène des droites* EM, FM *respectivement parallèles à deux droites données de position: qu'arrive-t-il, relativement au point d'intersection* M *des*

de grandeur, serait un *problème*, tandis que la détermination du centre d'un cercle donné serait un *Porisme;* par la raison que dans le premier cas on crée un triangle qui n'existe pas, et que dans le second le centre du cercle existe, et il s'agit seulement de le mettre en évidence. Tel est du moins l'avis de M. Vincent ; je présume que c'est aussi celui de Chasles, bien que ce dernier ne soit pas aussi explicite. Mais cette distinction est en défaut dans bien des cas. Par exemple, lorsqu'un angle est donné, sa bissectrice est donnée implicitement, et cependant Proclus lui-même cite comme un problème proprement dit cette question : *partager un angle donné en deux parties égales*. Cette autre question : *partager une droite donnée en deux parties égales* est de même pour lui un problème proprement dit, quoique le milieu de la droite soit donné implicitement.

Ces difficultés d'interprétation disparaissent lorsqu'on fait attention que Proclus ne parle que des énoncés,

(1) Une *raison donnée*, dans la géométrie des Grecs, est *la raison qu'ont entre elles deux droites données de grandeur*. On doit entendre que deux droites *e*, *f* sont données de grandeur, et que l'on a AE : AF :: *e* : *f*.

droites ainsi menées, lorsque les longueurs AE, AF *passent par tous les états de grandeur* (1)?

Ce que l'on *trouve* en réponse à cette question (par des raisonnements que je supprime et que je supprimerai de même dans les exemples suivants), c'est *que le point* M *est situé sur une droite donnée de position*. C'est l'énoncé 2 de Pappus : *que tel point est situé sur une droite donnée de position* (2).

Ce Porisme est tiré de l'ouvrage de Simson *Apollonii Pergæi Loca Plana*, livre I, prop. 30. On retrouve cette proposition dans le Porisme 33 de M. Chasles (3).

II. *Une parabole étant donnée de position, ainsi que trois points* A, B, C *sur cette courbe, de ces deux derniers on mène des droites qui se coupent sur la courbe et qui rencontrent en* b, c *le diamètre passant par le point* A : *quelle est la relation qui existe entre les segments* Ab, Ac?

Cette relation, qu'il faut *trouver*, consiste en ceci : *que la*

(1) En langage moderne : *quel est le lieu géométrique du point* M ? Remarquons en passant que maintenant les auteurs des traités de géométrie élémentaire présentent volontiers les propositions de cette espèce sous la forme de *problèmes*.

(2) C'est bien ainsi que s'exprime Pappus. Il veut dire par là *qu'on peut tracer une droite telle que le point considéré se trouve toujours sur cette droite*. Cette interprétation est confirmée par un énoncé de *Lieu Plan* qu'Eutocius nous a conservé dans son commentaire des *Coniques* d'Apollonius. Voici cet énoncé : *Deux points étant donnés dans un plan, ainsi qu'une raison représentée par deux droites inégales. il est possible de tracer dans ce plan un cercle tel que les droites menées des points donnés à la circonférence de ce cercle aient entre elles une raison qui soit la même que celle qui est donnée*. Cette manière de concevoir le *lieu* d'un point n'est plus en usage; cependant elle présente l'avantage de mettre mieux en évidence la *continuité du lieu*.

(3) Quand je cite des *Porismes* de M. Chasles ou d'autres auteurs, cela signifie simplement que ce sont des propositions appelées ainsi par ces auteurs, et non pas que je les reconnaisse comme étant des Porismes dans le sens de Pappus.

raison de la droite A*b* *à la droite* A*c* *est donnée* ; ou, en termes plus explicites, que l'on peut assigner deux droites β, γ, telles que l'on aura toujours A*b* : A*c* : : β : γ. C'est l'énoncé 3 de Pappus : *que la raison de telle droite à telle autre est donnée.*

Ce Porisme est tiré du second des exemples de Porismes proposés par Fermat (1).

III *Sur le diamètre* AB *d'un cercle donné et sur son prolongement, on prend deux points* C, D, *tels que l'on ait* AC : CB : : AD : DB. *De ces deux points on mène à un point*

(1) M. Chasles conteste qu'il ait pu y avoir, dans l'ouvrage d'Euclide des propositions relatives à d'autres *lieux* que la droite et le cercle (*les trois livres de Porismes*, etc., p. 60). Il invoque à cet égard le témoignage de Pappus, mais sans dire en quoi consiste, suivant lui, ce témoignage, ni faire connaître l'endroit où l'on en pourrait prendre connaissance. Il ajoute que cela est prouvé par les 38 lemmes laissés par ce géomètre, lesquels ne se rapportent qu'à des figures rectilignes et au cercle. S'il était permis de raisonner ainsi, comme Pappus donne pour les livres I, II, III, des *Coniques* d'Apollonius des lemmes qui ne se rapportent pareillement qu'à des figures rectilignes et au cercle, on devrait conclure de là qu'aucun de ces trois premiers livres ne peut renfermer de propositions relatives aux coniques, ce qui serait parfaitement faux.

Du reste, M. Chasles tire de ces 38 lemmes d'autres conséquences non moins hasardées. Ainsi, il suppose qu'Euclide, qui florissait près de sept siècles avant Pappus, a fait usage des principes que l'on trouve dans ces lemmes, quoique l'on ne trouve aucune trace de l'emploi ou de la connaissance des principes qu'ils renferment dans ceux des écrits d'Euclide et d'Apollonius qui nous sont parvenus. Et il lui suffit qu'un de ces lemmes trouve son application dans la démonstration d'une proposition ayant pour objet l'un des faits géométriques exprimés par les énoncés de Pappus, pour que cette proposition ait dû faire partie de l'ouvrage d'Euclide (*Comptes rendus*, t. LI, p. 1051). Ce sont là des illusions que ne partagera aucun géomètre qui voudra tenir compte de la différence des temps, et qui aura examiné, dans les cas où les propositions et les lemmes qui leur servent d'auxiliaires sont connus, quels rapports peuvent exister entre ceux-ci et celles-là. M. Chasles veut encore que chacun de ces 38 lemmes de Pappus ait servi à démontrer *plusieurs* des 171 propositions d'Euclide ; ce qui n'a lieu, à ce qu'il me semble, pour aucun des lemmes dont nous connaissons l'emploi dans la géométrie grecque.

quelconque M *de la circonférence les droites* CM, DM : *quelle est la relation qui existe entre ces droites?*

Cette relation, qu'il faut *trouver*, consiste en ceci : *que la raison de la droite* CM *à la droite* DM *est donnée*. C'est encore l'énoncé 3 de Pappus (voir l'exemple précédent).

Ce Porisme est tiré de l'ouvrage de Simson, *Apollonii Pergæi Loca Plana*, livre II, prop. 2. Ce géomètre en a déduit la proposition 2 de son *Traité des Porismes*; il la présente comme *un exemple de Porisme*, sans s'apercevoir qu'elle répond à l'énoncé 3 de Pappus. On retrouve ces deux propositions dans les Porismes 166 et 167 de M. Chasles.

IV. *Même hypothèse. Les droites* CM, DM, *prolongées au besoin, rencontrent de nouveau la circonférence en* P, Q : *qu'arrive-t-il relativement à la droite* PQ?

Ce que l'on *trouve* en réponse à cette question, c'est *que la droite* PQ *est donnée de direction*. C'est l'énoncé 5 de Pappus *que telle droite est donnée de direction* (1).

Ce Porisme est tiré de la proposition 58 du *Traité des Porismes* de Simson, laquelle est présentée, à tort, par ce géomètre, comme répondant au premier des deux cas de

(1) Dans le langage d'Euclide, cet énoncé devrait être traduit : *que telle droite est donnée de position*. Mais le terme qui, dans l'origine, signifiait *position* a été employé en géométrie, postérieurement à Euclide et antérieurement à Pappus, dans le sens de *direction*. Par exemple, on trouve, dans le *Traité de la Dioptre* du géomètre Héron d'Alexandrie, deux problèmes dont voici les énoncés :

Étant donné deux points vus de loin, trouver la longueur de la droite qui va de l'un à l'autre, réduite à l'horizon, ainsi que sa position.

Étant donné deux points, déterminer, sans en approcher, la position de la droite qui va de l'un à l'autre.

Dans ces deux cas, la *position* que l'on obtient est celle d'une parallèle à la droite considérée. C'est donc, à proprement parler, sa *direction*. (Voy. *Notices et extraits des Manuscrits*, t. XIX, 2e partie, p. 211 et 226.)

Avant de connaître l'ouvrage que je viens de citer (il a été publié en

l'énoncé 29. La véritable interprétation de cet énoncé est donnée ci-après dans l'exemple XI.

V. *On mène la corde* PQ *perpendiculairement au diamètre* AB *d'un cercle donné, et une autre corde* PM *par un point* C *donné sur ce diamètre : qu'arrive-t-il relativement à la droite* QM ?

Ce qu'il faut *trouver*, c'est *que la droite* QM *passe par un point donné*. C'est l'énoncé 6 de Pappus : *que telle droite passe par un point donné.*

Ce Porisme est tiré du Lemme 30 de Pappus, ou plutôt d'un corollaire de ce Lemme, que Simson énonce à la suite de la proposition 51 de son *Traité des Porismes*, sans s'apercevoir qu'il répond à l'énoncé 6 de Pappus. On retrouve ce corollaire dans le Porisme 173 de M. Chasles.

VI. *Un quarré* ABCD *étant donné, d'un point* M *pris sur le prolongement de la diagonale* DB, *on abaisse des perpendiculaires* MP, MQ *sur les côtés* AB, DA *prolongés : on joint, par une droite* PQ, *les pieds* P, Q *de ces perpendiculaires, et du point* M *on abaisse une perpendiculaire sur*

1858), j'avais été déterminé à traduire comme je le fais par des considérations qui, sans avoir l'autorité d'exemples formels, me semblent cependant mériter quelque attention.

Quand les géomètres grecs parlent d'une question où il s'agit de droites concourantes, qui peuvent devenir parallèles, ils ne manquent pour ainsi dire jamais de mentionner à part ce cas particulier. C'est ce qu'on peut voir dans la Notice même de Pappus sur les Porismes. L'énoncé de la proposition aux quatre droites mentionne les deux cas. Il en est de même de l'énoncé 29.

Or l'énoncé 6 est conçu en ces termes : *que telle droite passe par un point donné* : il se rapporte donc à des droites concourantes. J'ai dû penser, en conséquence, que l'énoncé 5, qui le précède immédiatement, devait se rapporter à des droites parallèles. La chose me paraissait même tellement nécessaire, que j'ai cru qu'il fallait rectifier le texte de Pappus. Maintenant je puis conserver mon interprétation sans toucher à ce texte.

cette droite PQ : *qu'arrive-t-il relativement à cette perpendiculaire?*

On *trouve* 1° *que cette droite passe par le sommet* C. C'est encore l'énoncé 6 de Pappus (voir l'exemple précédent) ; 2° *qu'elle intercepte sur deux droites données de position, qui sont* AB *et* AD, *des segments* B*b*, D*d comprenant un rectangle donné*. C'est l'énoncé 15 de Pappus : *que telle droite intercepte, sur des droites données, des segments comprenant un rectangle donné.*

VII. *Un trapèze* ABCD *étant donné, ainsi qu'une droite parallèle aux deux bases* BA, CD *de ce trapèze, appelons* E, F *les points d'intersection de cette droite avec les diagonales* DB, CA *prolongées au besoin. D'un point* M *pris à volonté sur la droite* DA, *menons les droites* MB, MC : *quelle est la relation qui existe entre les segments* E*b*, F*c que ces dernières déterminent sur la droite* EF ?

Cette relation qu'il s'agit de *trouver*, c'est *que le rectangle* E*b* × F*c est donné*. C'est l'énoncé 21 de Pappus : *que le rectangle de telle droite et de telle autre est donné.*

Ce Porisme est tiré du premier des exemples de Porismes proposés par Fermat. Simson en a fait la proposition 80 de son *Traité des Porismes*, sans s'apercevoir qu'elle répondait à l'énoncé 21 de Pappus. On le retrouve dans le Porisme 96 de M. Chasles.

VIII. *Étant donné un cercle et une droite, de l'une des extrémités* A *du diamètre perpendiculaire à cette droite, on mène une sécante qui rencontre celle-ci en* B *et la circonférence en* C : *quelle est la relation qui existe entre* AB *et* AC?

Cette relation qu'il s'agit de *trouver* est, *que le rectangle* AB×AC *est donné*. C'est encore l'énoncé 21 de Pappus (voyez l'exemple précédent).

Ce Porisme est tiré de l'ouvrage de Simson : *Apollonii Pergæi Loca Plana*, livre I, proposition 8. Lui-même a tiré de cette proposition un exemple de Porisme, qui est la proposition 1 de son *Traité des Porismes*, sans s'apercevoir qu'elle répondait à l'énoncé 21 de Pappus. On la retrouve dans le Porisme 202 de M. Chasles.

IX. *De deux points* C, D *pris sur la circonférence d'un cercle donné, on mène deux droites qui se coupent sur la même circonférence et rencontrent un diamètre* A B *en c, d : quelle est la relation qui existe entre les segments* A *c*, A *d*, B *c*, B *d*, *formés sur ce diamètre ?*

Cette relation, qu'il faut *trouver*, consiste en ceci : *que la raison du rectangle* A *c* × B *d* *au rectangle* A *d* × B *c* *est donnée*. C'est l'énoncé 22 de Pappus, *que la raison du rectangle de telles droites au rectangle de telles autres droites est donnée*.

Ce Porisme est tiré de la proposition 81 du *Traité des Porismes* de Simson, laquelle est elle-même une généralisation du troisième des exemples de Porismes donnés par Fermat. Simson ne s'est pas aperçu que cette proposition répondait à l'énoncé 22 de Pappus. On la retrouve dans le Porisme 126 de M. Chasles, qui lui a donné un nouveau degré de généralité en remplaçant le diamètre A B par une corde quelconque.

X. *Autour d'un point* A *pris sur la circonférence d'un cercle donné, on fait tourner une droite* A B. *Sur la partie* A B *de cette droite comprise dans le cercle, on construit un triangle* M B A *semblable à un triangle donné, soit* N *le point où le côté* A M *de ce triangle* A B M, *prolongé s'il est nécessaire, rencontre la circonférence : qu'arrive-t-il relativement aux deux points* M, N *?*

Ce qu'il faut *trouver*, c'est *qu'un certain point* P *est donné qui jouit de cette propriété, que les droites* MP, NP, *menées à ce point, embrasseront un triangle donné d'espèce* (un triangle donné d'espèce, dans la géométrie grecque, est un triangle semblable à un triangle donné). C'est l'énoncé 27 de Pappus : *qu'un certain point est donné, qui jouit de cette propriété que* (mot à mot *par l'effet duquel*) *les droites menées à ce point embrasseront un triangle donné d'espèce.*

Simson n'a pas compris les deux mots dont je donne le sens entre parenthèses, ce qui lui a fait croire que le texte de Pappus pouvait être corrompu en cet endroit (voir ci-dessus, p. 34).

XI. *Même hypothèse d'un triangle* ABM *donné d'espèce tournant autour du point donné* A. *Soit, en outre,* P *le point où le côté* BM *de ce triangle prolongé, s'il est nécessaire, rencontre la circonférence : qu'arrive-t-il relativement à la droite* NP ?

Ce qu'il faut *trouver*, c'est *que cette droite, ou bien sera parallèle à une certaine droite passant par le point donné* A, *ou bien fera avec elle un angle donné.* C'est l'énoncé 29 de Pappus, *que telle droite, ou bien sera en parallélisme, ou bien fera un angle donné avec certaine droite passant par le point donné* (je me sers de cette expression inusitée *être en parallélisme* pour reproduire plus fidèlement la construction de la phrase grecque). Il s'agit là de deux droites *qui changent ensemble de direction en restant parallèles* l'une à l'autre, ou bien en faisant toujours le même angle. Simson a cru que, dans le cas du parallélisme, elles ne devaient pas changer de direction, et devaient, au contraire, en changer dans le cas du non-parallélisme ; en quoi il s'est assurément trompé.

Ces exemples, que j'ai choisis de manière à pouvoir présenter quelques observations utiles, me paraissent devoir suffire pour faire bien comprendre ce que je crois être la forme canonique des énoncés des Porismes.

DANS QUEL SENS LES EXEMPLES QUI PRÉCÈDENT SONT DES PORISMES.

Tous ces exemples sont des propositions dans lesquelles ce qu'on demande est *à trouver*, et non pas *à construire,* comme dans le problème tel que les Anciens l'entendaient (1), ni simplement *à démontrer*, comme dans le théorème ; et qui satisfont ainsi à la définition ancienne du Porisme.

Cependant ce n'est pas encore là le sens précis de cette définition. Nous le donnerons un peu plus loin. Il ne s'agit, quant à présent, que de faire apercevoir en quoi les propositions appelées *Porismes* par les anciens se distinguaient des *théorèmes* et des *problèmes ;* ce qui est la première partie de la question générale posée en 1837 dans l'*Aperçu historique.*

Ces exemples de Porismes sont des problèmes par la forme des énoncés, et des théorèmes par la nature des choses qu'il s'agit de trouver. Ils participent donc de ces deux genres de propositions sans appartenir tout à fait ni à l'un ni à l'autre, comme le dit Pappus.

Il est, d'ailleurs, extrêmement facile d'en faire des théorèmes. En effet, dans chacun de ces exemples, la question ou l'énoncé d'une part, et la réponse ou solution d'autre part, nous offrent les deux parties essentielles dont se compose un énoncé de théorème, savoir une *hypothèse* sur un certain

(1) Le problème, tel qu'on le définit dans la géométrie moderne, est *une question qui exige une solution ;* ce qui comprend nos exemples de Porismes. Il faut ne pas perdre de vue que, dans la géométrie des Grecs, l'objet du problème est seulement *une construction à faire.*

sujet, et un fait géométrique qui est la conséquence de cette hypothèse, et qui peut devenir immédiatement la *conclusion* d'un tel énoncé.

Cette transformation est même si naturelle que, si l'on avait à citer quelques-uns de ces exemples pour en faire connaitre la substance, on les énoncerait évidemment comme des théorèmes. Telle est, sans doute, l'explication de ce qui arrivait aux propositions d'Euclide; beaucoup de géomètres les regardaient comme appartenant au genre des théorèmes, tandis que d'autres, n'ayant égard qu'à la forme des énoncés, comme le dit Pappus, les regardaient comme appartenant au genre des problèmes. Parmi ces derniers, il faut ranger Proclus; nous avons vu, en effet, qu'il appelle les Porismes d'Euclide *certains problèmes* (ci-dessus, p. 48).

On s'explique ainsi dans quel sens Pappus dit que les trois livres d'Euclide renfermaient 171 *théorèmes*, et comment il se fait que le premier des 29 énoncés et la proposition aux quatre droites soient présentés dans sa Notice comme des théorèmes. De même, lorsque Diophante cite, en leur donnant la forme de théorèmes, des propositions qui paraissent empruntées à un recueil de Porismes, il ne s'ensuit nullement qu'elles étaient énoncées sous cette forme dans ce recueil. Diophante ne dit pas que telle propriété des nombres est un Porisme ; il dit *nous avons dans les Porismes* cette propriété.

A peine est-il besoin d'ajouter que les Porismes, ainsi transformés en théorèmes, ne sont plus des Porismes, mais des théorèmes proprement dits (1).

(1) Ces théorèmes appartiennent toutefois plus spécialement à la classe des *Données;* car, de même que dans les propositions d'Euclide ainsi appelées, on y propose de démontrer que certaines choses, telles que des *points*, des *raisons*, des *grandeurs*, etc., sont *données* en vertu des hypothèses faites dans les énoncés. A la vérité nous supposons ici expressément, à cause de la seconde définition du Porisme, que ces choses ont des relations assignées avec d'autres choses *variables*, circonstance qui ne se

On reconnait dans nos exemples toutes les particularités signalées par Proclus. Ainsi, ce que l'on demande est de trouver une vérité géométrique ou un théorème dont l'énoncé n'est pas donné. La question à laquelle il faut répondre n'exprime ni une vérité à démontrer, ni une construction à exécuter.

Enfin nos énoncés, peu explicites en comparaison de ceux des théorèmes et des problèmes ordinaires, feront peut-être comprendre la remarque de Pappus sur l'incertitude où l'on se trouvait en présence des questions posées par Euclide.

CE QU'ÉTAIENT EN PARTICULIER LES PORISMES D'EUCLIDE.

La réponse à cette seconde partie de la question générale

rencontre pas dans toutes les propositions du livre des *Données*, mais elle se rencontre dans plusieurs; telles sont celles qui portent les nos 90, 92, 93, 94 et 95 dans l'Euclide de Peyrard, t. III. Elles sont au nombre des huit propositions sur le cercle mentionnées par Pappus dans sa Notice sur ces *Données*. Ainsi, les théorèmes dont nous parlons ne se distinguent des *Données* par aucun caractère spécial. Il en est de même des propositions que R. Simson dans le siècle dernier, et M. Chasles tout récemment, ont présentées comme étant des Porismes. Ce sont simplement des *Données*.

Il arrive même que les Porismes 175 et 206 de M. Chasles ne sont autre chose que les deux parties dont se compose l'énoncé de la proposition 95 du livre d'Euclide.

Les *Connues géométriques* du géomètre arabe Hassan ben Hassan ben Haïthem, dans lesquelles M. Chasles a cru trouver des *Porismes*, ne sont pareillement que des *Données*.

On ne saurait admettre que la forme des énoncés était la même pour les *Porismes* que pour les *Données*. Nous avons vu, en effet (ci-dessus, p. 41), que les géomètres étaient divisés sur la question de savoir si les Porismes devaient être considérés comme des théorèmes ou comme des problèmes. Or la Notice de Pappus sur les *Données* (c'est la première que l'on trouve dans la préface de son VIIe livre) ne renferme absolument rien qui implique un semblable désaccord. Par conséquent les Porismes devaient avoir dans leurs énoncés une tout autre forme.

(ci-dessus, p. 38) se trouve dans plusieurs passages de la Notice de Pappus, et surtout dans la manière dont cet auteur présente les faits géométriques qu'il s'agissait de mettre en évidence dans les 171 propositions d'Euclide. Ces faits géométriques sont ceux qu'expriment les 29 énoncés. Or, Pappus nous transmet ces énoncés, le premier excepté, sans y joindre les hypothèses qui leur étaient associées dans les trois livres perdus, ce qui est déjà très-remarquable; et, ce qui l'est bien plus encore, il regarde chacun de ces faits géométriques comme constituant un *genre* de Porismes.

De sorte que toute question qui sera présentée sous la forme canonique des propositions appelées Porismes, et dans laquelle on aura à mettre en évidence l'un de ces faits géométriques, se trouvera par cela seul appartenir au genre correspondant, *quelle que soit l'hypothèse*. C'est ce qui arrive dans tous nos exemples; en effet, dans chacune de ces propositions, ce qui est *à trouver* est toujours l'un des faits géométriques qu'expriment les 29 énoncés de Pappus; par conséquent, elles appartiennent aux genres caractérisés par ces énoncés.

D'où l'on est conduit à conclure que les trois livres d'Euclide devaient avoir pour objet ces faits géométriques considérés en eux-mêmes, et que les hypothèses n'étaient qu'un accessoire que Pappus a pu négliger ; de même qu'un auteur qui voudrait récapituler les règles données dans un traité du calcul infinitésimal pour obtenir les points d'inflexion des courbes, les rayons de courbure, etc., pourrait se dispenser de rapporter des exemples.

Je sortirais des limites que je me suis imposées, si j'entreprenais d'entrer ici dans quelques détails sur ce que devait être un tel ouvrage. Il me suffira de remarquer, en premier lieu, que sans doute Euclide s'était proposé de faire connaître et de formuler d'une manière précise les énoncés des faits géométriques qui se présentaient le plus ordinairement dans les recherches des géomètres, ce qui explique le blâme que

Pappus adresse à ceux de ses devanciers qui avaient cru devoir donner, dans certains cas, de seconds énoncés, au lieu de s'en tenir à l'énoncé unique adopté par Euclide ; et en second lieu que, pour des questions telles que nous les concevons, il fallait des méthodes en quelque sorte indépendantes des hypothèses. Pappus nous apprend, en effet, que la théorie mise en usage par Euclide joignait à d'autres mérites celui d'être *nécessaire* et *très-générale*, c'est-à-dire de dépendre de la nature du fait géométrique à mettre en évidence, et de pouvoir être appliquée dans tous les cas.

Le rétablissement de l'ouvrage d'Euclide, d'après ces indications, serait digne des efforts des géomètres. Quant à réunir un grand nombre de Porismes appartenant aux genres décrits par Pappus, on a pu s'apercevoir par nos exemples que ce n'est là qu'un jeu ; en effet, d'une part, il existe une foule de propositions de géométrie que l'on peut transformer en Porismes, comme nous l'avons fait pour obtenir la plupart de ces exemples, et de l'autre aucun géomètre ne trouvera qu'il soit difficile de s'en procurer sans recourir à ce procédé.

DANS QUEL SENS ON DOIT ENTENDRE LA DÉFINITION DU PORISME.

Il est certain que le terme *Porisme* a dû être le nom que les Grecs donnaient aux propositions de l'ouvrage d'Euclide, et à toutes celles de la même classe. C'est en me plaçant à ce point de vue que j'ai présenté les exemples ci-dessus comme étant des Porismes.

Mais, dans la définition que donne Pappus, le Porisme n'est pas une proposition, c'est seulement *ce qui est proposé comme étant à trouver*. De sorte que les faits géométriques qu'expriment les 29 énoncés de Pappus doivent être considérés comme étant les *Porismes* qui donnaient leur nom aux propositions d'Euclide. C'est ainsi que l'on a appelé *Données* les propositions dans lesquelles il s'agit de démontrer que certaines choses telles que des *points, des grandeurs, des raisons*, etc., sont *données* en vertu des hypothèses admises dans les énoncés de ces propositions (1). C'est ainsi encore que l'on a appelé *Lieux* les propositions ayant pour objet la *droite*, le *cercle* et d'autres *lieux*. Il semble même que Pappus, dans les définitions qu'il donne parallèlement à celle du Porisme, ait en vue quelque chose de semblable pour le théorème et le problème (2).

Cette distinction entre les Porismes proprement dits et les propositions auxquelles ils donnent leur nom est importante. Elle fait comprendre clairement pourquoi Pappus a réduit son résumé du contenu des trois livres perdus à la description des faits géométriques qui étaient l'objet des 171 propositions que renfermait cet ouvrage, tandis que dans ses notices sur d'autres ouvrages des mathématiciens Grecs il ne procède jamais de cette façon.

On retrouve, dans nos exemples, la circonstance particulière aux Porismes d'Euclide, qui avait fait définir improprement le Porisme : *ce qui manque à une hypothèse de théo-*

(1) Pappus appelle *Donnée*, au commencement de la préface de son VIIe livre : *quod fieri compararique potest.*

(2) *Dixerunt enim* (*Veteres*) *theorema esse, quod proponitur in ipsius propositi demonstrationem. Problema, quod affertur in constructionem propositi. Porisma vero, quod proponitur in porismum, hoc est in inventionem, et investigationem propositi.* (*Pappi Alexandrini mathematicæ collectiones*, in præf. lib. VII).

..... *Omne problema appellari existimant in quo aliquid faciendum, et construendum proponitur. Theorema vero, in quo aliquibus positis consequens ad ea, et omnino contingens consideratur* (*ibidem*, lib. III, ad init.).

Les mots *in quo* qui se trouvent dans les définitions du théorème et du problème données au commencement du livre III, ne sont pas reproduits dans les définitions correspondantes données ensuite dans le livre VII, ce qui fait ressortir l'intention de Pappus.

rème local (1). En effet, si l'on réunit dans un même énoncé le fait géométrique qu'il s'agit de trouver et l'hypothèse correspondante, on exprime un théorème local.

(1) On appelle *théorème local* toute proposition qui exprime une propriété commune à tous les points d'une ligne donnée, droite ou courbe. Lorsque la proposition a pour objet d'exprimer que tous les points qui satisfont à une même condition, se trouvent situés sur une droite, un cercle, ou toute autre ligne, elle prend le nom de *Lieu*.

Les anciens n'avaient pas de *problème local* répondant au *théorème local* tel que nous venons de le définir. Car une question dans laquelle on propose de trouver la nature d'un lieu défini par une construction, n'est pas un problème, puisqu'il s'agit, dans ce cas, de tout autre chose que d'exécuter des opérations, comme l'exige l'ancienne définition du problème conservée par Pappus. Et, en effet, ce géomètre ne parle nullement de *problème local*. Une question de ce genre est un *Porisme*.

R. Simson ne se sert jamais de cette expression de *problème local* dans son Traité des Porismes. Bien loin de là, il lui arrive d'énoncer, à la suite de sa proposition 1, une question qui semble pouvoir être rapportée à ce genre, et il en fait une des espèces du Porisme. En quoi M. Chasles trouve que ce géomètre a commis une inadvertance (*Les trois livres de Porismes*, etc., p. 272). Ce qui précède fait voir que le géomètre de Glasgow, tout en se trompant sur la nature du Porisme, comprenait autrement et plus sainement que M. Chasles la Géométrie des anciens.

FIN.

Paris. — Imprimerie de Mme Ve Bouchard-Huzard, rue de l'Éperon, 5.

Les Notes qui suivent étaient en grande partie écrites dès l'année 1867. J'allais les livrer à l'impression (1), lorsque survinrent les discussions relatives aux fameux autographes de M. Chasles. Je pris le parti de différer jusqu'à ce qu'on sût à quoi s'en tenir à ce sujet.

Personne n'ignore qu'après avoir, pendant vingt-sept mois, prétendu réfuter victorieusement toutes les objections élevées contre l'authenticité de ces Documents, M. Chasles se vit forcé de reconnaître qu'ils étaient l'œuvre d'un faussaire (2).

(1) *Nouvelles annales de mathématiques*, année 1867, p. 525.

(2) M. Chasles avait acheté de ce faussaire plus de vingt-sept mille pièces. On en peut voir la liste dans le curieux ouvrage de MM. Henri Bordier et Émile Mabille, intitulé : *Une fabrique de faux autographes*, etc.; 1 volume grand in-4, Paris, 1870. Pour les discussions auxquelles une partie de ces pièces a donné lieu dans le sein de l'Académie des sciences, *voir* les cinq volumes des *Comptes rendus*, LXV à LXIX.

La crainte de paraître manquer de générosité envers un adversaire devenu ainsi la risée du monde entier, fit que je ne me hâtai point de reprendre la publication de ces Notes. Mais, depuis cette aventure, M. Chasles m'a attaqué de nouveau dans son *Rapport sur les progrès de la Géométrie*, 1 volume grand in-8, Imprimerie nationale, 1870 (ce *Rapport* n'a été mis en vente qu'à partir du 3 août 1871).

On verra ci-après (Notes II et III) quelles sont les accusations auxquelles je suis en butte de sa part, et quel en est le caractère. En y répondant ici, je ne fais qu'user du droit de légitime défense, et cela était d'autant plus indispensable, que le Rapport dont il s'agit est une publication faite *sous les auspices du Ministre de l'Instruction publique*.

Paris, 22 novembre 1872

NOTE I.

Sur la doctrine des Porismes proposée par R. Simson.

---

§ I. — Description du *Traité des Porismes*.

1. Ce *Traité*, qui est devenu si célèbre, fait partie d'un volume in-quarto, dont voici le titre, le lieu d'impression et la date de publication : *Roberti Simson M. D. opera quædam geometrica post mortem ejus impensis Philippi comitis Stanhope impressa. Glasguæ*, 1776 (1). On voit qu'il s'agit

(1) « Magnifiquement imprimé..., et sans *errata*, » fait remarquer M. Chasles (*Comptes rendus*, t. LI, p. 1061). Ce *sans errata* pourrait donner une idée très-fausse de la correction du texte. C'est pourquoi je crois nécessaire d'avertir que l'on trouve, après le titre général du volume, un avertissement dont voici la première phrase : *Vix fieri potest, quin, post summam curam adhibitam, in opere tam longo et difficili plurimi restent adhuc errores*. Et ce n'est pas uniquement par modestie que l'éditeur s'exprime ainsi. Par exemple, le titre de la page 1 devrait être, comme on peut s'en assurer page 33 : *Lemmata in primum librum de Sectione determinata*. On a imprimé : *De Sectione determinata liber primus*. Les titres courants sont fautifs de la page 2 à la page 57. Les citations que je serai conduit à faire dans la présente Note prouveront que la partie du volume consacrée au *Traité des Porismes* n'est pas davantage exempte d'incorrections.

d'une œuvre posthume. C'est là le seul écrit dans lequel on puisse prendre connaissance des idées que l'auteur s'était faites sur les Porismes, car lui-même nous apprend dans sa préface, p. 320, qu'il n'était pas encore fixé sur la nature des propositions ainsi appelées par les mathématiciens Grecs, lorsqu'il publia le résultat dont j'ai parlé au commencement de cette *Notice*, p. 3.

2. Simson commence par définir les termes *Théorème*, *Problème*, *Donnée*, *Porisme* et *Lieu*. Viennent ensuite les propositions qui forment ce traité. Elles sont au nombre de 93.

Les 6 premières (1 – 6) sont des Porismes faciles qu'il lui a paru utile de présenter, avant d'aborder l'explication de *ceux* qu'on trouve dans Pappus. Je ne fais ici que traduire ce qu'on lit, p. 320 : *Porismata quædam facilia præmittere visum est explicationi eorum quæ Pappus affert*.

3. Après cette sorte d'introduction, Simson donne une version latine de la Notice de Pappus sur les trois livres perdus.

4. C'est seulement parmi les 61 propositions suivantes (7-67) que se rencontrent les *Lieux* et les *Porismes* que Simson jugeait avoir dû figurer dans ces trois livres. Il le déclare expressément, p. 513, après la proposition 67 : *Atque hæc sunt Loca et Porismata, ea scilicet quæ habentur inter Propositiones præcedentes a septima usque ad hanc, quæ Euclidis esse dignoscere valebam*, etc.

Ceci s'applique à toutes les propositions qui, dans cette partie de l'ouvrage, sont qualifiées *Lieux* ou *Porismes*. On comprend qu'elles présentent un intérêt spécial. Les Lieux sont au nombre de 10 (prop. 7, 8, 10-16 et 19) ; ils forment autant de cas de la proposition des quatre droites. On compte 14 Porismes (prop. 23, 34, 40, 41, 47, 48, 50, 53, 57, 58, 61, 62, 66 et 67). Peut-être faut-il y ajouter un corollaire de la proposition 50, qui est qualifié *Porisme*, p. 459.

5. Simson dit qu'il s'est guidé, à cet égard, sur le texte, ou

plutôt sur les énoncés de Pappus, et sur les Lemmes relatifs aux Porismes, qu'a recueillis cet éminent géomètre ; c'est ce qu'il exprime en ces termes, à la suite de la déclaration ci-dessus : *ex imperfecta admodum et mutila Pappi descriptione, et ope Lemmatum quæ in ea conscripsit peritissimus Geometra*, etc.

Il indique expressément ses propositions 23, 34, 41, 50 et 53, comme étant les énoncés 1, 6, 15, 27 et 28 de Pappus, rétablis sous leur forme primitive, et ses propositions 57, 58, 61 et 62, comme répondant à trois parties et à un cas particulier de l'énoncé 29. Pour ses autres Porismes, qui ont également appartenu, suivant lui, à l'ouvrage d'Euclide, il ne donne aucune indication analogue ; et, de fait, il en est 4 (prop. 47, 48, 66 et 67), qui ne sont pas comprises parmi les 29 énoncés. On les trouvera ci-après, p. 99, en note. Le corollaire de la proposition 50, mentionné plus haut, donne lieu à la même remarque.

6. Parmi les 37 propositions qui complètent cette partie de l'ouvrage, on distingue 21 Lemmes de Pappus. Quelques autres, sans former des propositions à part, sont cités et démontrés dans les propositions 8, 9 et 13. Ainsi que je l'ai fait remarquer, p. 52, en note, chacun de ces Lemmes ne sert qu'une fois. Enfin il y a encore 16 propositions diverses.

7. Les 26 propositions (68-93), qui font suite aux précédentes, sont principalement ceux des 38 Lemmes de Pappus, dont Simson n'avait pu trouver l'emploi ; 4 propositions de Fermat, desquelles il dit, p. 320 : *in formam Porismatum mutatas* (lisez *mutatæ*), et quelques Porismes que lui avait proposés Matthæw Stewart.

8. On lit au bas de la p. 460, à la fin de la proposition 50, cette date : 5 janvier 1767. Simson, mort le 1er octobre 1768, n'a probablement pas eu le temps de revoir ce livre, et de le préparer pour l'impression autant qu'il l'aurait fallu.

§ II. — Comment Simson définit le Porisme.

9. D'après la version latine du texte de Pappus, donnée par Simson lui-même, p. 347, les anciens disaient *Porisma..... esse quo aliquid propositum est investigandum ;* on peut traduire : *Le Porisme est une proposition dans laquelle ce qu'on demande est de chercher quelque chose.*

Les 14 énoncés que j'ai présentés, p. 50-57 de cette *Notice*, satisfont de la manière la plus directe à cette définition. Mais Simson la trouve trop générale. Il en propose une autre, p. 323, *Quoniam Pappi definitio Porismatis nimis generalis est.* Tel est l'unique motif qu'il invoque, et il ne s'explique pas autrement.

10. Je dirai tout à l'heure en quoi consiste cette définition du Porisme, que Simson introduit ainsi. Expliquons d'abord comment cet auteur paraît avoir été conduit à regarder comme trop générale la définition ci-dessus.

D'après cette même version latine, p. 347, les anciens Grecs disaient *Problema* [*esse*] *quo aliquid propositum est construendum ;* ce qui signifie : *Le Problème est une proposition dans laquelle ce qu'on demande est d'effectuer quelque construction.*

Cette définition suppose donc qu'un Problème est *une question qui se résout par une construction.* Elle est, par conséquent, moins générale que la définition actuellement admise, d'après laquelle un Problème *est une question proposée qui exige une solution.* Cette solution peut, en effet, n'être pas une construction. *Voyez* la géométrie de Legendre, livre IV, proposition XIII.

Or Simson définit, p. 323, le Problème en ces termes : *Problema est Propositio in qua aliquid proponitur construendum, vel inveniendum.*

On voit que *construendum* lui paraît insuffisant, puisqu'il ajoute *vel inveniendum.*

Sans doute Simson a cru faire une chose toute naturelle en donnant cette extension à l'ancienne définition du Problème. Mais il aura trouvé ensuite que la définition du Porisme ci-dessus, n° 9, faisait double emploi avec la définition du Problème ainsi complétée. Il est facile de s'assurer en effet que, par exemple, celle-ci s'applique aux 11 énoncés rappelés dans ce même n° 9. On peut conjecturer, sans trop d'invraisemblance, que c'est là ce qui aura fait croire à Simson que la définition du Porisme était trop générale.

11. Voici maintenant quelle est la définition proposée par ce géomètre, p. 323 :

Porisma est Propositio in qua proponitur demonstrare rem aliquam, vel plures datas esse, cui, vel quibus, ut et cuilibet ex rebus innumeris, non quidem datis, sed quæ ad ea quæ data sunt eandem habent relationem, convenire ostendendum est affectionem quandam communem in Propositione descriptam.

Un exemple fera mieux comprendre la pensée de l'auteur, que ne pourrait le faire une traduction. Voici la proposition 1 de Simson :

Étant donné un cercle et une droite, un point A sera donné, lequel jouira de cette propriété que si, par ce point, on mène comme on voudra une sécante rencontrant la droite en B et la circonférence en C, le rectangle A B × A C sera donné.

Dans cette proposition, il faut démontrer que le point A est donné. La définition ci-dessus parle de choses en nombre illimité, qui, sans être données, ont une même relation avec ce point, la droite et le cercle; ici ces choses sont les segments AB, AC. La propriété qu'il faut démontrer appartenir à ces deux segments, quelle que soit la direction de la sécante, consiste en ce que le rectangle A B × A C est donné, et on a à déterminer aussi la grandeur de la surface à laquelle ce rectangle est toujours égal.

Telle est, suivant Simson, la forme technique des énoncés,

qui caractérise les Porismes. Il est bien aisé de voir en quoi elle diffère de celle que j'ai indiquée. *Voyez* ci-dessus, p. 55, l'énoncé VIII.

12. On remarquera que cette définition rappelle tout à fait l'énoncé de *Lieu Plan* qu'Eutocius nous a conservé, et que j'ai reproduit ci-dessus, p. 51, en note. Dans cet énoncé, on a à démontrer qu'il est possible de tracer une circonférence de cercle, sur laquelle tous les points qui satisfont à une certaine relation assignée se trouveront situés.

Du reste, Simson lui-même fait observer que les Lieux sont des Porismes, comme l'exprime sa version latine du texte de Pappus, p. 347.

On peut penser que cette forme d'énoncé lui a paru réunir le double caractère du Théorème et du Problème, et répondre, par conséquent, à ce passage de la même version latine, où il est dit, p. 346 : *Specie autem hæc omnia neque theoremata sunt, neque problemata, sed mediæ quodammodo inter hæc naturæ.*

13. Remarquons, toutefois, que cette version continue en ces termes : *ita ut eorum propositiones possunt vel ut theoremata, vel ut problemata formari;* ce qui semble indiquer qu'il s'agissait, non pas d'une forme unique réunissant le double caractère du Théorème et du Problème, mais de deux formes distinctes, dont chacune présentait un de ces caractères.

C'est sans doute pour cela que Simson, après avoir défini le Porisme, ajoute, p. 324 : *Porisma etiam in forma Problematis enuntiari potest, si nimirum ea quæ data demonstranda sunt, invenienda proponantur.*

Or, d'après la définition même proposée par Simson, dans les Problèmes auxquels on serait ainsi conduit, on aurait à satisfaire à un nombre illimité de conditions. Il est au moins permis de douter que ce soit là ce que Pappus a voulu dire.

Simson n'est entré dans aucune explication sur ce point.

§ III. — Origine de l'introduction du mot *donné* dans cette définition. — Les *Données* à éléments variables, qui sont des Porismes dans la doctrine de M. Chasles, n'en sont pas dans celle de Simson.

14. Le mot *donné* se trouve employé une ou plusieurs fois dans chacun des énoncés de Pappus. C'est une conséquence de la nature de ces énoncés. On comprend que, pour former ces descriptions des 29 genres auxquels appartenaient les 171 propositions d'Euclide, il a fallu se servir d'expressions qui fussent propres à caractériser, d'une manière générale, chaque genre, sans rien conserver de ce qui constituait l'individualité des propositions. Ce mot *donné* n'est donc employé, dans ces énoncés, que comme n'impliquant aucun mode particulier de détermination des choses auxquelles il se rapporte.

Simson s'est cru obligé de le faire entrer dans sa définition du Porisme, ainsi que dans les différentes propositions présentées par lui sous ce nom, parce qu'il supposait que les 29 énoncés ne pouvaient être que 29 des 171 propositions d'Euclide.

M. Chasles, par suite de la même erreur, a été conduit à une conclusion semblable, comme on le verra dans la Note II. Mais il va plus loin que Simson en présentant comme des Porismes des propositions qui, dans la doctrine de ce géomètre, ne sont que des *Données*. C'est ainsi, par exemple, qu'il dit dans son *Rapport sur les progrès de la Géométrie*, p. 238, que « l'énoncé suivant est un Porisme : *Dans l'Ellipse, la somme des rayons vecteurs est donnée.* »

15. Simson, en effet, ne voulait pas que l'on pût confondre ses Porismes avec les *Données* où l'on considère des *éléments variables*, comme dans cet énoncé. C'est ce qui résulte, avec évidence, de la manière dont il s'exprime, p. 530 de son traité, au sujet de la proposition que voici :

Soit une circonférence décrite sur AB comme diamètre,

C son centre et CZ un rayon perpendiculaire à AB. De part et d'autre du centre et à égale distance, prenons à volonté sur ce diamètre, prolongé s'il est nécessaire, deux points D, E, respectivement dans les directions CA, CB. Déterminons, dans les mêmes directions, deux autres points R, S, tels que l'on ait $CD \times CR = \overline{CA}^2$, $CE \times CS = \overline{CB}^2$. *Menons, enfin, par ces points R, S, des perpendiculaires à RS, d'un même côté de cette droite, et portons sur ces dernières* $RF = RZ$, $SG = SZ$:

Si l'on mène, des points F, G, ainsi déterminés, des droites FH, GH à un même point H de la circonférence, et que K, L soient leurs points de rencontre avec la droite AB, la somme $\overline{EK}^2 + \overline{DL}^2$ *sera donnée, c'est-à-dire toujours égale à un même espace, quel que soit le point H.*

Cet énoncé est la quatrième de cinq propositions que Fermat avait présentées comme étant des exemples de Porismes, d'après certaines idées qui lui étaient propres. Simson dit que c'est une *Donnée* et non un Porisme : *Quarta est Datum*. Il en fait un Porisme de son système, en l'énonçant sous la forme suivante (proposition 80) :

Un cercle étant donné, si l'on prend sur un de ses diamètres, de part et d'autre du centre et à égale distance, deux points D, E : deux autres points F, G seront donnés, lesquels jouiront de cette propriété que, si l'on mène les droites FH GH à un même point H de la circonférence, et que K, L soient respectivement leurs points de rencontre avec la droite DE, la somme $\overline{EK}^2 + \overline{DL}^2$ *sera donnée.*

Il fallait à Simson des *choses à chercher* qui pussent justifier le mot *investigandum*, dont il se sert, p. 347 de son traité, en traduisant l'ancienne définition du Porisme, conservée par Pappus (*voyez* ci-dessus, n° 9). M. Chasles veut, au contraire, que ces *choses à chercher* soient de nature à être trouvées « sans invention. » (*Les trois livres de Porismes*, p. 56.)

§ IV. — Seconde définition du Porisme. — Nouvelle explication de cette expression : *Théorème Local.*

16. Pappus nous apprend qu'il existait, de son temps, une définition du Porisme plus récente, mais qui n'était que l'expression d'un fait accidentel. Elle se trouvait, d'ailleurs, en désaccord avec l'ancienne définition et avec ce qui était enseigné. Halley l'avait traduite en ces termes : *Porisma est quod deest in Hypothesi Theorematis Localis* (*Apollonii Pergæi de sectione rationis*, p. XXXIV), et j'ai suivi cette version moi-même, ci-dessus, p. 41.

Simson, p. 347 de son livre, traduit cette même définition : *Porisma est quod deficit hypothesi a Theoremate Locali;* et il donne immédiatement ce commentaire : *Hoc est, Porisma est Theorema Locale deficiens sive diminuta* (lisez *diminutum*) *in hypothesi ejus.*

Pour ce géomètre, un *Théorème Local* est une proposition qui dérive d'un *Lieu*, de la manière qui va être indiquée par l'exemple suivant, donné dans son livre, p. 327. Soit d'abord énoncé de *Lieu* (1) :

(1) Simson définit le *Lieu* de la manière suivante, p. 324 de son livre (je supprime ce qui concerne les surfaces, comme n'ayant aucune application dans ce traité des Porismes) :

Locus est Propositio in qua propositum est datam esse demonstrare, vel invenire lineam cujus quodlibet punctum communem quandam habet proprietatem in Propositione descriptam.

Il ajoute : *Unde patet, quod Pappus affirmat, Locos speciem esse Porismatis; et communis affectio quæ de punctis hisce demonstranda proponitur, est omnia sita esse in una quadam linea, quæ quidem invenienda est.*

On voit que dans la définition ci-dessus les mots *demonstrare* et *invenire* se rapportent respectivement aux deux formes des énoncés de Porismes dont il est question plus haut, n°s 11 et 13. La nature de la ligne qui est l'objet de la proposition doit être, dans les deux cas, assignée par l'énoncé. En d'autres termes, celui-ci doit exprimer si cette ligne est *droite* ou *circulaire*, etc.

Une droite et un point A étant donnés, si autour de ce dernier on fait tourner une droite, sur laquelle deux points, B et C, sont liés par la condition que le rectangle $AB \times AC$ soit toujours égal à un même espace donné, et que le point B soit assujetti à se trouver sur la droite donnée, le point C se trouvera situé sur une circonférence donnée de position.

Que cela soit démontré, il reviendra évidemment au même de dire :

Étant donné une droite et un cercle, si du centre on abaisse sur la droite une perpendiculaire qui rencontre celle-ci en H et la circonférence aux points A, K, et que l'on trace à volonté une corde AC, laquelle, prolongée, s'il est nécessaire, rencontrera la droite donnée en un point B, on aura $AB \times AC = AH \times AK$.

Simson dit, p. 327 de son livre, que les anciens appelaient *Théorème Local* toute proposition ayant cette origine : *Quod propterea Theorema Locale dixerunt veteres.* D'après cette assertion, j'avais partagé, sur ce point, le sentiment de Simson, comme on peut le voir ci-dessus, p. 64, en note. De nouvelles recherches m'ont ensuite conduit à une autre explication que j'exposerai dans un instant, n° 18 ; mais faisons connaître d'abord ce que conclut le géomètre de Glasgow, relativement à la définition dont il s'agit.

17. Que l'on retranche de l'*hypothèse*, dans l'énoncé qui précède, tout ce qui est relatif à la détermination du point A, et que l'on se borne à affirmer que ce point A sera donné, ainsi que le produit des segments AB, AC, que la droite donnée et la circonférence feront sur toute droite menée par ce point, on retrouvera précisément l'énoncé de Porisme présenté n° 11.

Ce Porisme est donc un *Théorème Local* de l'*hypothèse* duquel on a retranché quelque chose.

Simson étend cette explication aux *Lieux*. Il dit, p. 328 : *Si enim hypothesis præcedentis Theorematis Localis ita di-*

minuatur ut nihil de circulo in ea diceretur..., et proponatur invenire lineam quam reliquus terminus [scilicet punctum C] *tanget, patet Theorema jam in Locum converti.*

Ce passage exprime, par les mots dont il se compose, précisément ce que j'ai considéré, dans la présente Notice, comme étant la forme canonique des énoncés des Porismes. Je me suis fait un devoir de signaler cette circonstance dans mon mémoire de 1855 (*Journal de mathématiques pures et appliquées* de M. Liouville, 1re série, t. XX, p. 260).

18. Parmi les propositions du livre de Simson qui sont qualifiées *Porismes*, il en est qui ne satisfont pas à cette seconde définition ainsi entendue. Telle est la proposition 41, que l'on peut énoncer de cette manière :

Étant donné deux droites OX, OY et un point P, deux autres points A, B seront donnés respectivement sur ces droites, lesquels jouiront de cette propriété que si on fait tourner autour de P une droite qui rencontre OX en M et OY en N, le rectangle AM × BN sera toujours égal à un même espace donné.

Il semble, au premier abord, qu'il n'y a point de *Théorème Local* auquel on puisse rattacher cette proposition. Simson suppose, en conséquence, que c'est là le motif du blâme exprimé par Pappus. Mais un examen plus attentif de la question montre que cette explication doit être abandonnée.

En effet, premièrement, Simson n'indique point la source où il a puisé ce qu'il dit (ci-dessus, nº 16) sur l'origine de cette expression *Théorème Local ;* et secondement Proclus, dans ses commentaires sur le premier livre des *Éléments* d'Euclide (livre IV, commentaire 9), cite plusieurs propositions qui étaient ainsi appelées par les anciens, et dans lesquelles cette dénomination se rapporte, comme il l'explique d'ailleurs lui-même, à certaines *portions de plan.*

Dans le Porisme de Simson qui précède, la droite PM a pour *lieu* l'espace compris entre OX et la parallèle à cette droite menée par le point P. Le *lieu* de PN est pareillement l'espace compris entre O Y et la parallèle à cette droite menée par le même point P. Par conséquent, le *lieu* du fait géométrique qui est l'objet de cette proposition se compose de deux espaces plans compris entre ces parallèles ; de sorte qu'il y a en réalité, dans ce cas, un Théorème Local.

La portion de plan dans laquelle a lieu, au même point de vue, le Théorème Local du nº 16 se compose de l'espace compris entre la droite donnée et la parallèle à cette droite menée par le point A, et de l'espace renfermé dans la circonférence donnée.

Il est facile de voir, d'après cela, qu'un *Théorème Local* est un Théorème dans lequel on a à considérer des choses *variables*, qu'il dépende ou non d'un *lieu géométrique*.

Ce que Pappus reprochait à la nouvelle définition, c'était peut-être de supposer à tort que dans tout Porisme il devait y avoir nécessairement des choses *variables*, alors que l'ancienne définition ne disait rien de pareil.

Il ressort de là une nouvelle objection contre la définition du Porisme proposée par Simson.

§ V. — Sur divers passages du livre de Simson.

19. Ce serait ici le lieu d'aborder l'interprétation de divers passages du livre de Simson qui complètent la pensée de cet auteur. Mais presque tous ont été passés en revue dans la présente Notice, et plusieurs nous serviront, dans la Note suivante, à montrer quelles étaient, aux yeux de mes devanciers, les opinions de Simson sur les énoncés de Pappus.

C'est pourquoi je me bornerai, dans ce paragraphe, à appeler l'attention sur un fait qui s'est produit récemment.

M. Chasles a introduit, dans son *Rapport sur les progrès de la Géométrie*, un exposé de ses idées sur les Porismes. Pour cela, il lui fallait expliquer comment l'idée des *genres* que formaient les propositions d'Euclide est présentée par Pappus.

Or, Simson, en traduisant cet auteur, s'est attaché à effacer précisément tout ce qui se rapporte à cette idée. M. Chasles a dû, en conséquence, recourir, p. 234, à la version de Commandin, se reconnaissant ainsi dans l'impossibilité de demander à celle de Simson cette notion si importante des *genres*, que cependant il prétend avoir été mise en usage dans le *Traité des Porismes*.

J'avais signalé cette singularité de la version de Simson (*Comptes rendus*, t. LI, p. 1036), mais ni M. Chasles, ni MM. Bertrand et Serret n'avaient cherché à l'expliquer.

Voici, du reste, les deux versions :

VERSION DE COMMANDIN.	VERSION DE SIMSON.
Et positiones quidem omnes inter se differunt, cum specialissimæ sunt, accidentium, vero et quæsitorum unumquodque unum, et idem existens multis positionibus differentibus contingit, eo quod genere sint eadem. Itaque in primo libro hæc genera quæsitorum in propositionibus statuere oportet... » (*Pappi mathematicæ collectiones*, p. 216.)	*Hypotheses quidem omnes inter se differunt, cum specialissimæ sint : accidentium vero et quæsitorum unumquodque, cum sit unum idemque multis diversisque hypothesibus contingit. Talia itaque inquirenda offeruntur in primi libri propositionibus...* » (*R. Simson opera quædam reliqua*, p. 349.)

On remarquera que, dans la version de Commandin, il y a *positiones* au lieu de *hypotheses*. C'est peut-être là ce qui a été le point de départ de la *Géométrie de Position* de Carnot.

Simson disposait de deux versions : celle de Commandin et celle de Halley. Ce dernier avait cru devoir refaire, presque totalement, celle de son devancier, tant il la trouvait absurde et plate : *adeo absurda et insulsa erat*. (*De Sectione Rationis; præfatio ad lectorem*). Simson a suivi Halley dans le passage cité. La notion des *genres* lui paraissait donc absurde.

§ VI. — Jugements portés par Simson sur les travaux de ses devanciers.

20. D'après la préface du *Traité des Porismes*, Pappus est le seul géomètre de l'antiquité qui nous ait transmis quelque chose sur cette branche des mathématiques grecques. Proclus y est complètement passé sous silence. Simson avait dû cependant le trouver cité dans l'écrit auquel se rapporte ce passage, p. 318 : ... *Ismael Bullialdus, in exercitatione sua Geometrica tertia, quæ, una cum duabus prioribus, edita fuit Parisiis anno 1667, conatus est Porismata explicare. ... ea tamen Bullialdus enodare minime potuit.*

Plusieurs années auparavant, un géomètre hollandais, Albert Girard, s'était occupé des Porismes; mais ses recherches n'ont pas été publiées. Voici comment Simson s'exprime à ce sujet, p. 317 : *Invenio .... de iis explicandis et restituendis cogitasse Albertum Girardum, qui, in Trigonometria sua, Gallice scripta, et Hagæ Comitum anno 1629 edita, post enumeratas formas figurarum rectilinearum quæ quatuor, quinque aut sex latera habent, hæc addit,* « Le tout, « quand il n'y a que deux lignes qui passent par un point, « comme jadis estoyent les Porismes d'Euclid, qui sont perdus « lesquelles j'espere de mettre bien tost en lumiere, les ayant « restituez il y a quelques années en ça. »

D'après cela Simson estime, p. 317 : *eum propositiones quasdam de figuris quadrilateris, aliisque, earumque affectionibus pro Porismatibus habuisse, et propterea eorum naturam non cognovisse.*

Il mentionne encore Renaldini : *Non opus est referre quæ de hac re habet Carolus Renaldinus in libro suo de Resolutione et Compositione Mathematica, nullo enim modo cognitioni Porismatum inserviunt.*

Mais il parle surtout de Fermat dans cette préface. On a de

ce géomètre un petit écrit sur les Porismes (*Varia opera mathematica*, in-folio, Tolosæ, 1679, p. 116), dans lequel il proclame, avec une confiance que ses successeurs n'ont guère partagée, que ces propositions sont des *Lieux*, ce que personne encore n'avait soupçonné depuis la publication du recueil de Pappus. Simson admet que les Porismes sont des propositions dans lesquelles figurent des *choses variables*, mais il blâme Fermat de vouloir que ces propositions soient exclusivement des *Lieux*. Nous avons vu ci-dessus, p. 7, qu'il le traite en quelque sorte de géomètre des bords de la Garonne, pour quelques mots probablement mal compris.

Simson, pour montrer les difficultés du sujet, rappelle que David Gregory, dans la préface de son édition des œuvres d'Euclide, avait exprimé la conviction qu'il ne serait pas difficile de restituer les Porismes de quelque manière, dès que le texte de Pappus aurait vu le jour; mais que Halley, qui s'était fait ensuite l'éditeur de ce texte, avait confessé n'y rien comprendre, et n'avoir pu même former aucune conjecture sur ce que Pappus avait voulu dire.

NOTE II.

*Sur ce qui se rapporte aux énoncés de Pappus, dans l'*Aperçu historique (1) *et dans le discours d'inauguration du* Cours de Géométrie supérieure (2).

---

§ I. — Partie historique de l'*Aperçu*.

1. Cette première partie de l'ouvrage est un exposé des travaux de tous les géomètres, depuis les temps les plus anciens jusqu'à l'époque où l'auteur écrivait. On y rencontre divers passages relatifs à la question des Porismes et aux énoncés de Pappus. Plusieurs de ces passages vont nous permettre de constater qu'*on* regardait alors comme évident que ces 29 énoncés ne pouvaient être que 29 des 171 propositions qui formaient les trois livres perdus, et que c'était là le sentiment de Simson.

(1) *Aperçu historique sur l'origine et le développement des méthodes en Géométrie, particulièrement de celles qui se rapportent à la Géométrie moderne, suivi d'un Mémoire de Géométrie sur deux principes généraux de la science, la dualité et l'homographie;* par M. Chasles. In-4, Bruxelles, 1837.

(2) *Discours d'inauguration du cours de Géométrie supérieure de la faculté des sciences de Paris* (séance du 22 décembre 1846), faisant suite à la préface du *Traité de Géométrie supérieure*, in-8, Paris, 1852.

Je me sers ici de la particule *on*, attendu qu'il s'agit d'un exposé *historique*, et que la manière dont M. Chasles s'exprime au sujet de ces énoncés autorise à penser que pour lui il s'agit d'opinions certaines et universellement adoptées.

2. Que l'on ouvre l'*Aperçu* à la page 36, on trouvera au bas de cette page, en note, un exemple formel qui prouve ce que j'avance. Cet exemple est relatif à l'énoncé 6, que Simson a traduit : *Quod hæc ad datum punctum vergit*. M. Chasles dit que ce géomètre a présenté la proposition 34 de son livre, « comme étant l'un des porismes d'Euclide, celui auquel ré« pondent ces mots de Pappus : QUOD HÆC AD DATUM PUNC« TUM VERGIT. »

Il y a bien *celui auquel*, ce qui suppose, nécessairement, que cet énoncé 6 n'est qu'une des 171 propositions d'Euclide, et que c'est là ce que Simson a entendu en disant : PROP. XXXIV. *Quæ est Porisma, unum scilicet ex iis inter Porismata Lib.* I. *Euclidis, quæ Pappus tradit hisce verbis*, « *Quod hæc ad datum punctum vergit*. »

3. D'autres passages conduisent à la même conclusion. Par exemple, l'auteur dit, p. 14 : « .... l'on devait se deman« der.... quelles étaient les propositions qui entraient dans « l'ouvrage d'Euclide ; notamment celles dont l'indication, « très-imparfaite, nous est laissée par Pappus. »

De ce dernier membre de phrase, *notamment celles...*, et de l'exemple qui vient d'être cité, il résulte évidemment que l'on regardait les énoncés de Pappus comme n'embrassant qu'une partie de ces 171 propositions, et qu'on supposait qu'il y en avait d'autres non comprises dans ces énoncés.

C'est ce qu'exprime Simson dans ce passage de la préface de son livre, p. 318 : *Multa enim sunt Euclidis Porismata quorum nec vola nec vestigium exstat*.

4. Ces mots *l'indication, très-imparfaite*, qui font partie de la phrase ci-dessus, n° 3, sont expliqués p. 12 de l'*Aperçu*. L'auteur dit en premier lieu : « Pappus, il est vrai, nous a

« transmis les énoncés de trente propositions appartenant à « ces *porismes*, » ce qui est une nouvelle preuve qu'il considère ces énoncés comme des propositions individuelles ; et en second lieu il ajoute :

« Mais ces énoncés sont si succincts, et sont devenus si défectueux par des lacunes et l'absence des figures qui s'y rapportaient...., que, jusque vers le milieu du siècle dernier, « bien que des géomètres d'un grand mérite..... aient fait de « cette matière l'objet de leurs méditations, aucun énoncé « n'avait encore été rétabli.

« Ce fut R. Simson qui eut la gloire de découvrir la signification de plusieurs de ces énigmes, etc. »

On reconnaît là l'opinion exprimée par Simson, p. 352 de son livre, à la suite de la version du texte de Pappus : *Perspicuum est propositiones has omnes, prima excepta, omnino mancas et imperfectas esse. Paucas quidem magno labore enucleavimus*, etc.

Toutefois, en ce qui concerne « l'absence des figures, » M. Chasles paraît s'être inspiré d'autres souvenirs ; du moins un illustre géomètre, M. Poncelet, avait dit dans la préface du *Traité des propriétés projectives des figures* (1822), p. XXXVI : « les figures sont perdues. »

5. Pour faire comprendre dans quel état de mutilation on supposait alors que ces énoncés nous étaient parvenus, il me suffira de citer l'énoncé de la proposition 34 de Simson, tel que M. Chasles l'a traduit p. 36 de l'*Aperçu*, en note :

Étant pris, dans un plan, deux points fixes et un angle qui ait son sommet situé sur la droite qui joint ces points ; si de chaque point d'une droite donnée on mène deux droites à ces deux points fixes, elles rencontreront respectivement les deux côtés de l'angle en deux points ; et la droite qui joindra ces deux points passera toujours par un même point.

On croyait que c'était là l'énoncé 6 sous sa forme primitive, et qu'il n'en restait que les quelques mots relatifs à la dernière droite qui s'y trouve mentionnée, et qui expriment qu'elle passe par un point donné : *Quod hæc ad datum punctum vergit.*

6. Lorsque, par l'étude du texte grec, je me trouvai conduit à penser que ces énoncés devaient être tout autre chose que ce qu'on avait supposé, mon premier soin fut de m'assurer que je n'étais pas la dupe d'une illusion. On jugera sans doute, d'après ce qui précède, que la lecture de l'*Aperçu* ne contribua pas peu à me faire comprendre la nouveauté et l'importance des idées auxquelles j'étais parvenu.

M. Chasles m'accuse (*Comptes rendus*, t. LI, p. 1045) d'avoir, dans mes publications sur les Porismes, attribué *sans preuves* à mes devanciers « des opinions qui ne seraient rien « moins qu'absurdes et niaises, » et de m'être servi, pour cela, de la particule *on*. Ces preuves sont maintenant sous les yeux du lecteur, c'est surtout à M. Chasles lui-même que je les ai empruntées; et je n'ai pas besoin d'ajouter qu'il n'est jamais entré dans ma pensée que ceux qui m'ont précédé dans cette question des Porismes fussent moins respectables pour avoir été moins heureux que moi.

§ II. — Note III de l'*Aperçu historique*.

7. La partie historique de l'*Aperçu* est suivie de Notes, au nombre de 34, dans lesquelles l'auteur présente divers développements. L'une d'elles, la Note III, est consacrée à la question des Porismes. M. Chasles y expose les conjectures qu'il a été conduit à former sur cette branche de la géométrie des Grecs. Il admet, p. 274, qu'on doit à R. Simson « d'avoir « rétabli la forme des énoncés qui caractérise les propositions « appelées *Porismes* par les Anciens, et d'avoir aussi deviné « plusieurs de celles qui sont indiquées si imparfaitement par « Pappus. » Mais il fait observer que « diverses autres ques- « tions que devait comprendre une divination complète de la

« doctrine des Porismes » n'ont pas été abordées dans le traité de Simson. Il ajoute, p. 275 : « Nous n'y trouvons rétablis « que six des trente propositions énoncées par Pappus ; » et quelques lignes plus bas : « Nous avons été conduit.... à réta- « blir les 24 énoncés de Pappus qui ont été laissés intacts par « Simson. »

8. Tout ceci semble faire suite, de la manière la plus naturelle, à ce qui est expliqué dans la partie historique de l'ouvrage, et supposer, notamment, que les énoncés de Pappus sont des propositions individuelles, comme dans l'exemple donné en note, au bas de la page 36. Mais M. Chasles ne l'entend pas ainsi. Il affirme qu'en écrivant cette Note III il voyait dans le livre de Simson l'expression des idées dont je réclame la priorité et l'honneur, et qu'en parlant d'énoncés de Pappus *rétablis* ou *à rétablir* il a voulu dire qu'il y avait, pour chacun de ces énoncés, dans les trois livres perdus, plusieurs propositions, différentes par les hypothèses, qui toutes répondaient à ce même énoncé.

Cette interprétation du texte de Simson a été produite par M. Chasles le 31 décembre 1860 (*Comptes rendus*, t. LI, p. 1043-1061). J'ai fait connaitre les objections qu'elle rencontre dans ce texte même.

Mais ce n'est pas tout, M. Chasles est-il en mesure de prouver qu'elle était dans sa pensée au moment où il écrivait la Note III de l'*Aperçu?* jusqu'à présent, il s'est borné à l'affirmer. Or, « ce n'est pas ainsi qu'on agit en ces matières, où la seule publication fait foi. » Qu'il me soit permis d'insister sur cette observation, qui a été faite par Pascal, dans une circonstance analogue à celle-ci. *Voyez* son écrit intitulé : *Suite de l'histoire de la Roulette*, etc.

M. Chasles a commencé par s'attribuer à lui tout seul (*Comptes rendus*, t. XLVIII, p. 1038, dans le texte et en note) la priorité des idées que je revendique.

C'est seulement lorsque j'ai réclamé qu'il a donné à entendre qu'il présenterait ces idées comme empruntées de Simson (*Comptes rendus*, t. L, p. 940).

Il lui incombe, par conséquent, de prouver, par une publication ayant date certaine, qu'il attribuait ces idées à Simson soit avant d'écrire cette Note III, soit en l'écrivant, s'il tient à éviter qu'on ne le soupçonne ou qu'on ne l'accuse d'avoir inventé cette nouvelle interprétation pour le besoin de la cause.

Jusqu'à ce qu'il ait fourni cette preuve, on ne pourra que s'en rapporter à la partie historique de l'*Aperçu;* d'autant plus que la Note III est précédée d'un renvoi au paragraphe (p. 11-15) dans lequel se trouvent les passages que j'ai cités plus haut, nos 3 et 4. La Note III y est, d'ailleurs, annoncée comme devant en être la suite. Ce paragraphe est donc indiqué expressément comme étant l'*introduction* de cette Note III.

9. Ainsi, quand M. Chasles parle, dans cette Note, des *trente propositions énoncées par Pappus*, on doit entendre qu'il regarde les énoncés de Pappus comme ne pouvant être que des propositions individuelles. Quand il dit que Simson en a rétabli 6, et que lui-même est en mesure de rétablir les 24 autres, on doit entendre que ce sera comme dans l'exemple donné en note au bas de la page 36, etc.

Du reste, M. Chasles ne dit point qu'il donnera, pour les énoncés rétablis par Simson, de nouvelles propositions répondant à ces mêmes énoncés. C'était là, cependant, ce qu'il n'aurait pas manqué de dire, s'il les avait considérés alors comme n'étant pas des propositions individuelles. Son langage suppose, au contraire, que ce qui a été fait par Simson est définitif, et qu'il n'y a rien à ajouter, relativement aux énoncés rétablis par ce géomètre.

Nous verrons bientôt que M. Chasles en était encore au même point, le 22 décembre 1846, lorsqu'il prononça son discours d'inauguration du *Cours de Géométrie supérieure*.

10. L'objet de cette Note III est de faire connaître les con-

jectures formées par l'auteur sur « la doctrine des Porismes, « son origine, ou la pensée philosophique qui l'a créée, sa « destination, ses usages, ses applications et sa transformation « dans les doctrines modernes. » Tel est le programme qu'il trace lui-même, p. 274 et 275.

Dès son entrée en matière, il indique cette analogie entre les *Porismes* et les *Données*, qui s'était offerte à Simson, ainsi que nous l'avons remarqué dans la Note I, n° 14, parce que ce géomètre avait pris les énoncés de Pappus pour des propositions individuelles.

Il admet aussi que les *choses à chercher* appelées *inquirenda* par Simson, comme on le voit ci-dessus, Note I, n° 11, sont des *inconnues* de la même nature que celles des Problèmes ordinaires, c'est-à-dire des *points*, des *lignes*, des *raisons*, etc. Il exprime, en outre, la pensée que ces inconnues des Porismes devaient avoir pour utilité, dans cette doctrine, de procurer les moyens de trouver, pour un lieu déterminé par une certaine construction ou par un certain système de coordonnées, d'autres constructions ou d'autres systèmes de coordonnées propres à faire connaître les différentes propriétés de ce lieu.

Et il ajoute, p. 276 :

« Proclus a donc raison de dire qu'il s'agit, dans les po- « rismes, de *l'invention d'une chose que l'on ne recherche et* « *que l'on ne considère point pour elle-même.*

« En effet, ces nouveaux modes de construction, ces nou- « velles coordonnées, que l'on cherche, ne sont que des auxi- « liaires qui ne doivent servir qu'à l'étude et à la contempla- « tion de la courbe sur laquelle on opère. »

J'ai signalé plus haut, p. 48, la méprise dans laquelle M. Chasles est tombé, en prenant pour une définition du Porisme le passage de Proclus, auquel il fait allusion en cet endroit de l'*Aperçu*.

11. Dans l'ouvrage de M. Chasles qui a paru en septembre

1860, deux opinions différentes sont exprimées successivement sur ces *inquirenda* ou *choses à chercher*.

Suivant la première, que l'auteur attribue à Simson, notamment dans le § V de l'*Introduction*, ces *choses à chercher* sont simplement des *inconnues* de la même nature que celles des Problèmes ordinaires, comme je l'ai expliqué plus haut, c'est-à-dire des *points*, des *lignes*, des *raisons*, etc., qui doivent satisfaire aux conditions des 29 énoncés.

La seconde, qui est celle de l'auteur, est exposée par lui dans le § X de la même *Introduction*. Là, M. Chasles interprète non plus Simson, mais Pappus, et alors ces *inquirenda* deviennent les faits géométriques décrits dans les 29 énoncés.

On voit qu'il avait oublié, dans ce § X, d'attribuer cette idée à Simson, et qu'il se l'attribuait à lui tout seul.

Il est facile de comprendre, par cette remarque, dans quel désarroi M. Chasles fut jeté par mes réclamations. Le 31 décembre 1860, c'est-à-dire quelques semaines après avoir publié cet ouvrage, il affirmait (*Comptes rendus*, t. LI, p. 1047 et 1056) avoir attribué cette même idée à Simson, dès l'origine, dans l'*Aperçu historique !*

12. Je n'ai point à m'arrêter sur les autres conjectures présentées par M. Chasles dans cette Note III. Je n'y ai rien trouvé qui se rapportât aux 29 énoncés. Il me reste à faire connaître quels étaient les résultats qu'il avait obtenus ou qu'il comptait obtenir, en tant que rétablissement de ceux d'entre ces énoncés qu'il considérait comme ayant été laissés intacts par Simson.

Il dit, p. 279 : « ..... en prenant pour point de départ, et « pour base, notre manière de concevoir la doctrine des po- « rismes, nous avons obtenu assez naturellement une inter- « prétation des vingt-quatre énoncés de porismes que n'a pas « rétablis Simson. » L'interprétation donnée par Simson pour six autres énoncés est donc regardée ici, par M. Chasles, comme définitive. On voit qu'il était alors bien loin de se douter que, plus tard, il trouverait nécessaire de donner, pour ces six énoncés, de nouvelles propositions qui y répondraient également.

M. Chasles dit encore, p. 279 : « Les limites dans lesquelles nous devons nous renfermer ne nous permettent pas « d'énoncer ici les porismes que nous avons trouvés comme « répondant au texte de Pappus. Mais nous allons donner deux « propositions très-générales qui nous ont paru comprendre, « dans leurs nombreux corollaires, les quinze énoncés de Pappus appartenant au premier livre des Porismes d'Euclide, et « desquelles, par conséquent, on pourra déduire autant de « théorèmes répondant à ces énoncés. »

13. Après quelques mots sur les systèmes de coordonnées qui dériveront de ces propositions, il continue, p. 279 :

« Voici quelles sont les deux propositions en question; nous « les énonçons sous forme de porismes :

« Premier porisme : *Étant pris, dans un plan, deux points* « *P, P', et deux transversales qui rencontrent la droite PP'* « *aux points E, E'; et étant pris sur ces deux transversales* « *respectivement deux points fixes* o, o' ;

« *Si de chaque point d'une droite donnée on mène deux* « *droites aux points P, P', qui rencontrent respectivement* « *les deux transversales E O, E' O' en deux points* a, a' ;

« *On pourra trouver deux quantités* λ, μ *telles que l'on* « *aura toujours la relation :*

$$\text{« (1)} \quad \ldots\ldots \quad \frac{\mathrm{O}a}{\mathrm{E}a} + \lambda\, \frac{\mathrm{O}'a'}{\mathrm{E}'a'} = \mu.$$

« Second porisme : *Étant menées, dans un plan, deux* « *droites fixes qui se rencontrent en un point S, et étant pris* « *sur ces deux droites, respectivement, deux points fixes* « o, o' ;

« *Si autour d'un point donné on fait tourner une transver-*

« *sale, qui rencontrera les deux droites fixes en deux points*
« a, a' ;

« *On pourra trouver deux quantités* λ, μ *telles qu'on aura*
« *toujours la relation :*

$$« (2) \ldots\ldots \frac{Oa}{Sa} + \lambda \frac{O'a'}{Sa'} = \mu. »$$

14. M. Chasles dit, p. 281, en parlant de ces deux propositions et des équations (1) et (2) :

« Chacune de ces équations peut se transformer de diffé-
« rentes manières en d'autres, qui auront deux, trois ou quatre
« termes. Plusieurs de ces transformations sont nécessaires
« pour donner l'interprétation des *Porismes* du premier livre
« d'Euclide. Nous devons ajouter que chacune des équations
« que l'on obtient ainsi sert à exprimer plusieurs porismes dif-
« férens, parce qu'on y peut prendre pour inconnues du po-
« risme, au lieu des coefficiens constans, comme nous l'avons
« fait, différentes parties de la figure, telles que les points *o*, *o'*
« ou les directions des transversales.

« On tirera de la sorte, de nos deux propositions générales,
« une multitude de porismes, et nous croyons ne pas exagérer
« en en portant le nombre à deux ou trois cents. Une telle
« abondance s'accorde bien avec ce que dit Pappus de la fé-
« condité des *Porismes* d'Euclide : *Per omnia Porismata non*
« *nisi prima principia, et semina tantum multarum et*
« *magnarum rerum* SPARSISSE VIDETUR.... »

15. Ainsi donc, M. Chasles commence par annoncer qu'il va donner deux propositions comportant de nombreux corollaires, et que parmi ces corollaires se trouveront compris les 15 énoncés de Pappus, appartenant au premier livre d'Euclide. Cela revient à dire que ces énoncés sont, pour lui, des propositions individuelles ; ce que l'on sait déjà par l'exemple qu'il a donné dans une note, au bas de la page 36 de l'*Aperçu*. On voit qu'en effet il fait remarquer que, par conséquent, on pourra déduire

de ces deux propositions 15 théorèmes répondant à ces énoncés.

Il exprime encore la même pensée en disant ensuite que les transformations indiquées donneront « l'interprétation des *Porismes* du premier livre d'Euclide. » Ces *Porismes* sont ici les 15 énoncés en question.

16. M. Chasles ajoute que chacune des équations obtenues par ces transformations servira à exprimer plusieurs Porismes différents, parce que l'on peut y prendre, pour inconnues du Porisme, différentes parties de la figure.

Mais ce ne sont pas là des Porismes formés en associant de nouvelles hypothèses aux mêmes énoncés, comme M. Chasles l'a fait dans son ouvrage publié en 1860, après avoir eu connaissance de mes écrits sur les Porismes. Dans cette Note III, il a en vue le rôle de ces inconnues, qu'il suppose devoir servir de *systèmes de coordonnées*, suivant ce qui est expliqué ci-dessus, nº 10.

Ces nouveaux Porismes auront sans doute, dans leurs énoncés, la forme qui, d'après Simson, caractérisait les propositions ainsi appelées par les anciens. Mais non-seulement M. Chasles ne dit point qu'ils pourront être considérés, en totalité ou en partie, comme ayant dû appartenir aussi à l'ouvrage d'Euclide; il exprime précisément le contraire, en les comparant à des fruits dont les 15 premiers Porismes obtenus seraient les semences.

Le passage ainsi interprété par M. Chasles se trouve dans le livre de Simson, p. 349. Il fait partie de la version latine du texte de Pappus.

17. Ce qui précède comprend tous les passages de cette Note III, dans lesquels il m'a paru être question des énoncés de Pappus. Tous se rapportent manifestement à ces énoncés, considérés comme des propositions individuelles. On voit que l'auteur se demande uniquement quelles étaient *celles* d'entre les propositions d'Euclide, *dont l'indication, très-imparfaite*,

nous est laissée par Pappus. C'est là le problème qu'il s'est posé, p. 14 de l'*Aperçu*, sans se douter que ces énoncés résumaient *toutes* les propositions des trois livres perdus; et c'est encore ce Problème qu'il cherche à résoudre dans la Note III du même ouvrage, sans jamais soupçonner qu'il puisse y avoir, dans ces énoncés, autre chose que ce qu'il a supposé.

M. Chasles lui-même témoigne à sa manière, dans son article du 31 décembre 1860 (*Comptes rendus*, t. LI, p. 1056-1061), que cette Note III ne lui est pas favorable. *Il n'en cite textuellement aucun passage*. Il remplace les citations textuelles, qui seules peuvent faire foi dans une question de priorité, par des commentaires. Naturellement, il n'a pas demandé qu'il me fût permis de lui répondre dans le *Compte rendu*.

§ III. — Discours d'inauguration du *Cours de Géométrie supérieure*.

18. Ce discours a été prononcé le 22 décembre 1846. M. Chasles affirme (*Comptes rendus*, t. LI, p. 1059) que dans ce discours, qui est antérieur à toutes mes publications sur les Porismes, il parle des énoncés de Pappus en termes qui impliquent les idées dont je réclame la priorité et l'honneur, et cela uniquement parce qu'il y est dit que Simson a donné « l'explication de six ou sept, sur une trentaine, des « énoncés de Porismes que Pappus nous a transmis en termes « laconiques et obscurs. » (*Traité de Géométrie supérieure*, p. XLIV.)

Voici le raisonnement de M. Chasles : « Ainsi, je ne dis « point que c'est sur des énoncés défectueux par des lacunes « ou des défauts de figures que Simson a travaillé, je dis que « *c'est sur des énoncés* LACONIQUES *et* OBSCURS, *transmis dans* « *cet état par Pappus lui-même*. »

En cela il fait allusion à ce passage de la préface du livre de Simson, p. 318 : *At Fermatius ne vel primum primi libri enucleavit quod unicum integrum servavit* ***Pappus***, qu'il traduit (*Comptes rendus*, t. LI, p. 1046) : « Le premier Porisme du premier Livre est *le seul* que Pappus nous a transmis complet. »

M. Chasles veut avoir entendu, dans ces deux circonstances, que cette manière de s'exprimer : ***Pappus a transmis***, impliquait nécessairement l'idée d'une intervention personnelle du géomètre ainsi nommé, et qu'il n'était pas permis d'y voir simplement le fait matériel de la transmission de ses écrits jusqu'à nous à travers quinze siècles.

C'est ici le cas de rappeler cet autre passage du livre de Simson que j'ai cité p. 30 de cette *Notice* : ***Solus enim Pappus*** *nomina et argumenta librorum quos de eu scripserunt Veteres servavit*. J'ai fait voir que l'on ne pourrait y interpréter le mot *Pappus* comme le veut M. Chasles, sans tomber dans l'absurde.

Voici, du reste, deux autres exemples que me fournit « le célèbre Halley, si profondément versé dans la Géométrie ancienne, » comme le dit M. Chasles lui-même, p. 12 de l'*Aperçu*.

Le premier se trouve dans le Traité *de Sectione Rationis*. Il est ainsi conçu : « *Quod ad codicem MS. attinet, qui nobis aureum Apollonii libellum unicus conservavit....* » (*Præf. ad lectorem.*)

Le second fait partie de la préface dédicatoire qui est en tête des *Coniques d'Apollonius ;* il est conçu en ces termes : *Lemmata his omnibus demonstrandis assumpta conservavit* Pappi *liber VII*.

Dans ces deux exemples, ce rôle de conservation, ou de transmission, est attribué explicitement à des objets inanimés.

On voit donc que l'assertion de M. Chasles ne suffit pas. Il lui reste à prouver qu'en effet, avant la publication de mes recherches sur les Porismes, ces mots *Pappus a transmis* lui paraissaient impliquer, nécessairement, une intervention personnelle de Pappus, et que par le mot *Pappus* il n'a pas voulu désigner le recueil connu sous ce nom, comme on l'avait fait avant lui.

Mais il n'en sera guère plus avancé. Car, lors même qu'il satisferait à cette condition, on ne le considérerait pas encore comme étant dans la même position que s'il eût ajouté, après le passage qu'il invoque, ces mots : *et qui résument les nombreuses propositions d'Euclide*, comme il l'a fait pour la première fois en 1859 (*Comptes rendus*, t. XLVIII, p. 1038). *Voyez* ci-dessus, p. 11-12.

Dans ce discours, après avoir dit qu'il reste « 24 énoncés « dont on n'a pas donné le sens, » il ne fait aucune allusion à la nécessité de compléter « l'explication » donnée par Simson, en ajoutant, aux propositions qui la constituent, d'autres propositions répondant aux mêmes énoncés. Par conséquent, il regarde les énoncés de Pappus comme n'étant que des propositions individuelles.

Et, en effet, quelques lignes plus loin, il les appelle des « propositions obscures. »

CONCLUSION GÉNÉRALE DE CETTE NOTE.

Avant la publication des résultats de mes recherches sur les Porismes, M. Chasles avait toujours considéré comme évident que les énoncés de Pappus devaient être des propositions individuelles.

NOTE III.

Sur l'accueil qui a été fait aux prétentions de M. Chasles par ses confrères de l'Académie des sciences et sur la manière dont il s'en est consolé dans son **Rapport sur les progrès de la Géométrie.**

---

§ I. — Quel a été le résultat de l'intervention collective de l'Académie, en ce qui concerne M. Chasles.

1. Le 29 octobre 1849, je fis connaître, par une communication adressée à l'Académie des sciences (*Comptes rendus*, t. XXIX, p. 479-482), qu'on s'était trompé en supposant que les 29 énoncés de Pappus ne devaient être que 29 des 171 propositions d'Euclide, et qu'au contraire il fallait considérer chacun de ces énoncés comme répondant à plusieurs de ces propositions, dont Pappus avait supprimé intentionnellement les hypothèses par lesquelles elles se distinguaient les unes des autres.

Dans plusieurs communications ultérieures, je développai les conséquences de cette remarque fondamentale; elle me conduisit, entre autres résultats, à regarder ces 29 énoncés comme résumant les 171 propositions d'Euclide (*Journal de Mathématiques pures et appliquées* de M. Liouville, année 1855, p. 297).

2. Déjà des personnes obligeantes me pressaient de donner une restitution de l'ouvrage du géomètre grec. On allait même

jusqu'à me prédire un *sic vos non vobis*, si je ne me hâtais de le faire (*Journal de mathématiques pures et appliquées de M. Liouville*, année 1859, p. 46), lorsque M. Chasles annonça qu'il allait publier *Les trois livres de Porismes d'Euclide, rétablis pour la première fois, d'après la Notice et les Lemmes de Pappus, et conformément au sentiment de R. Simson sur la forme des énoncés de ces propositions* (*Comptes rendus*, t. XLVIII, p. 1033); et il en donna un extrait qui devait alors former l'*Introduction* de l'ouvrage, mais qui ne forme, en réalité, que les deux premiers des quatorze paragraphes dont cette *Introduction* se compose.

3. Je remarquai (*ibidem*, p. 1038) que, dans le texte de cet extrait, il considérait les énoncés de Pappus comme résumant les nombreuses propositions d'Euclide, et que dans les notes il ajoutait, en parlant des auteurs qui, avant lui, s'étaient occupés des Porismes :

« Nous n'entendons parler ici que des ouvrages antérieurs « à 1835, époque à laquelle nous étions fixé sur cette question « des Porismes et nous avions préparé le présent travail, « comme on le voit dans une Note de l'*Aperçu historique* qui « en contient une analyse (p. 274-284). Nous ne faisons donc « aucunement allusion à divers écrits qui ont paru dans ces « dernières années, à ceux notamment qui ont donné lieu à « une polémique qui se continue encore. »

4. Il est bien évident que M. Chasles, en s'exprimant ainsi, revendiquait pour lui-même et pour lui tout seul la priorité et l'honneur de cette idée de considérer les 29 énoncés de Pappus comme formant un *résumé* des trois livres perdus, et non pas comme n'étant que 29 des 171 propositions que renfermait cet ouvrage.

En d'autres termes, il donnait à entendre, très-clairement, qu'en m'attribuant cette idée dans mes écrits sur les Porismes, je n'avais fait autre chose que m'approprier une découverte exprimée dans l'*Aperçu historique*, c'est-à-dire dans un ou-

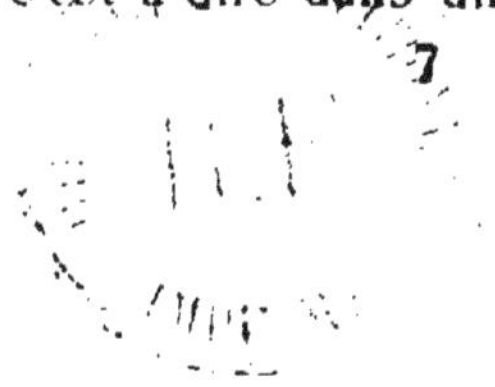

vrage écrit en français, publié dès l'année 1837, et connu de tous les géomètres.

5. Le 21 mai 1860, je réclamai contre cette assertion (*Comptes rendus*, t. L, p. 938), en faisant remarquer qu'elle était contredite péremptoirement par l'*Aperçu historique*, c'est-à-dire par l'ouvrage même que M. Chasles avait prétendu m'opposer. Ce fut alors seulement qu'il imagina d'affirmer qu'il devait cette idée à Simson, et qu'il l'avait attribuée à ce géomètre, dès l'origine, dans l'*Aperçu historique*, ce que la précédente Note démontre également être contraire à la vérité.

Cette réclamation, après avoir donné lieu à divers incidents, qui sont rappelés dans la présente *Notice*, fut renvoyée par l'Académie, le 14 janvier 1861, à une commission de quatre membres, laquelle se réduisit à trois, puis à deux, MM. Bertrand et Serret. Le 21 octobre suivant, ce dernier lut à l'Académie, au nom de son collègue et au sien, un rapport dont je transcris ici la partie principale, je veux dire celle qui engage l'Académie tout entière, et dont chaque commissaire qui a signé le rapport est pleinement responsable :

« *Conclusion.*

« En résumé, nous pensons que :

« *Le géomètre R. Simson a nettement exprimé, dans son*
« Traité des Porismes, *que les énoncés transmis par Pappus*
« *ne sont autre chose que les conclusions des propositions*
« *renfermées dans les trois livres de l'ouvrage d'Euclide, et*
« *qu'ils résument ainsi la substance de cet ouvrage.*

« Et, en conséquence, nous ne saurions reconnaître comme
« fondées les réclamations de priorité que M. Breton (de
« Champ) a adressées à l'Académie à l'occasion de la publica-
« tion de l'ouvrage de M. Chasles. »

Ensuite est écrit : « Les conclusions de ce Rapport sont adop-
« tées. » (*Comptes rendus*, t. LIII, p. 713.)

6. Voici donc quel a été le résultat de cette intervention collective :

M. Chasles avait affirmé que les idées dont je réclamais la priorité et l'honneur se trouvaient exprimées dans la Note III de l'*Aperçu historique*. Je m'étais plaint de cette assertion. La commission a évité, dans son rapport et dans ses conclusions, de se prononcer sur ce point. On pensera que ce silence équivaut à une condamnation formelle de M. Chasles.

Une autre assertion était venue s'ajouter à la précédente. M. Chasles prétendait avoir attribué ces idées à Simson, dès l'origine, dans l'*Aperçu historique*. La commission a également évité de toucher ce point. Donc, seconde condamnation de M. Chasles, prouvée de même par le silence gardé sur ce chef.

La commission s'est attachée uniquement à démontrer que les idées en litige devaient être attribuées à Simson. On a pu voir, dans cet opuscule, comment elle a raisonné pour cela. Elle a cru bien faire en s'appropriant les arguments de M. Chasles ; mais depuis lors, MM. Bertrand et Serret ont pu reconnaitre, dans l'affaire des faux autographes, que leur confrère pouvait n'être pas infaillible. Et, d'ailleurs, ils ont évité de s'expliquer sur des points importants que j'avais signalés le 28 mai 1860 (*Comptes rendus*, t. L, p. 996, en note). De sorte qu'en définitive ils ont condamné M. Chasles sur ses deux assortions, et n'ont point répondu sur les faits matériels qui contredisent leur conclusion relative à Simson (1).

(1) Il s'agit des propositions 47, 48, 66 et 67 du livre de Simson, qui sont présentées par cet auteur comme ayant dû appartenir à l'ouvrage d'Euclide, et qui cependant ne sont pas comprises parmi les 29 énoncés de Pappus. Voici les énoncés de ces propositions et les passages qui s'y rapportent :

Prop. XLVII. — *Quæ est Porisma cui utilis est Prop.* 118 *et Prop.* 150. *Lib.* 7 *Pappi.*— « *Si in recta linea* AB *sumatur punctum* C, « *vel inter* A, B *puncta, vel in* AB *producta ad utrasvis partes ; datum* « *erit in eadem recta quartum punctum* D *tale, ut in* AB *producta ad* « *partes* B *sumpto quovis puncto* E, *quadratum ex segmento inter ipsum* « *et punctum inveniendum* D, *æquale erit quadrato ex segmento inter*

§ II. — Opinions individuelles de quelques membres de l'Académie.

7. Le 26 février 1838, l'illustre Biot, qui avait été nommé membre d'une commission chargée d'examiner des critiques

« *idem punctum* E *et punctum* C, *una cum quadrato ex segmento inter* « *punctum inveniendum* D *et punctum* A, *et rectangulo a segmento in-* « *ter punctum* E *et punctum B, et data quadam recta.* »

Prop. XLVIII. — *Quæ est Porisma cui inservit Prop.* 149 *et* 151. *Lib.* 7. *Pappi.* — « *Datis in recta linea tribus punctis* A, B, C, *quorum* « C *est ad easdem partes puncti* B *ad quas est* A ; *datum erit in eadem* « *recta punctum quartum* D *quod faciet rectangulum* AE, EC *a seg-* « *mentis inter punctum quodlibet* E *in* AB *producta ad partes* B, *et* « *puncta* A, C, *vel a segmentis inter ipsum* B, *et eadem puncta* A, C « *æquale quadrato ex segmento* ED *inter idem punctum* E *et punctum* « *inveniendum* D, *una cum rectangulo a segmento* EB *inter punctum* « E *et reliquum datum punctum* B, *et datâ quâdam rectâ.* »

P. 508 : *Propositiones tres proxime præcedentes* [Sc. LXIII, LXIV et LXV] *inserviunt duabus sequentibus, quæ sunt Porismata.*

Prop. LXVI. — « *Datâ positione rectâ* AB, *et circulo* CD *positione* « *dato; datum erit punctum per quod si ducatur utcunque recta* « *linea quæ rectæ positione datæ* AB *et circulo occurrit* (lisez *occur-* « *rat*), *rectangulum contentum segmentis ductæ inter rectam* AB *et* « *puncta quibus circumferentiæ occurrit, æquale erit quadrato ex* « *segmento ejusdem ductæ inter rectam* AB *et punctum illud quod* « *datum ostendendum est.* »

Prop. LXVII. — « *Data positione recta* AB, *et circulo* CD *positione* « *dato ; datum erit punctum per quod si ducatur utcunque recta* « *linea quæ ipsi* AB *et circulo occurrit* (lisez *occurrat*), *rectangulum* « *a segmentis ductæ inter* AB *et circumferentiam æquale erit quadrato* « *ex segmento ejusdem ductæ inter rectam* AB *et punctum quod datum* « *ostendendum est, una cum rectangulo a segmentis ejusdem ductæ* « *inter punctum illud et circumferentiam.* »

On voit que toutes ces propositions sont appelées par Simson des Porismes. Elles sont d'ailleurs comprises, par leurs numéros d'ordre, dans la déclaration qui fait suite à la dernière, p. 513 : « *Atque hæc sunt Loca et Porismata, ea scilicet quæ habentur inter Propositiones præcedentes a septima usque ad hanc, quæ Euclidis esse dignoscere valebam...* » La question à résoudre est celle-ci : *Comment Simson a-t-il pu considérer ces propositions comme ayant dû figurer dans l'ouvrage d'Euclide, s'il est vrai que pour lui les 29 énoncés de Pappus résumaient les 171 propositions qui formaient cet ouvrage?*

dirigées contre un membre de l'Académie, se récusa en disant :

« J'admets dans la critique scientifique une entière liberté, « quant aux personnes et aux ouvrages; mais je crois que, « pour produire des résultats utiles, il faut qu'elle tire toute « sa force d'elle-même, par l'assentiment que lui donne un « examen libre et individuel.

« L'intervention *collective* des membres de l'Académie, « comme juges des critiques élevées contre leurs confrères, « me parait contraire à ce caractère d'individualité, ainsi qu'à « l'ensemble d'action qui est nécessaire à l'Académie comme « corps littéraire. »

Les opinions *individuelles* qui ont été exprimées au sujet de la présente question conservent donc leur importance.

8. J'ai raconté ci-dessus, p. 24, par suite de quelles circonstances M. Lamé, après avoir fait partie de la commission jusqu'au 2 septembre 1861, se récusa. Il le fit en disant : « ....je « suis doublement incapable d'émettre un jugement en pareille « matière : car, d'une part, l'érudition nécessaire me manque, « et, d'autre part, sur tout ce qui concerne l'histoire des « sciences mathématiques chez les anciens, je me fais gloire « d'être le disciple de notre savant confrère M. Chasles. Je « viens donc supplier l'Académie de vouloir bien accepter ma « récusation. » (*Comptes rendus*, t. LIII, p. 393.)

Traduction : « Je suis d'avis, comme Pascal, qu'en ces ma- « tières la seule publication fait foi. Or, en présence de ce que « M. Chasles avait publié avant que M. Breton n'eût fait con- « naitre les idées dont il revendique la priorité, il me serait « impossible de ne pas condamner notre confrère. Quant à « apprécier l'interprétation nouvelle du texte de Simson qu'il « propose, et qui est le contraire de celle qu'il avait adoptée « dans l'*Aperçu*, cette question me parait ne pouvoir être « traitée qu'avec le concours d'une autre Académie, celle des « inscriptions et belles-lettres. Je viens donc, etc. »

★

9. M. Bertrand, qui avait signé le rapport de M. Serret, ne dut pas être longtemps à s'apercevoir que la manière dont j'avais été traité ne rencontrait guère d'approbateurs. Aussi, dès l'année 1863, il donne à entendre qu'il a pu signer de confiance. Du moins telle paraît être l'intention qui lui a dicté le passage suivant de son éloge de Senarmont, lu devant la Société de secours des amis des sciences (*Compte rendu de la sixième séance publique annuelle*, p. 53):

« La confiance qu'il inspirait et l'habitude de toujours comp-
« ter sur lui le faisaient parfois désigner pour examiner des
« travaux dont il ne pouvait juger qu'imparfaitement. Senar-
« mont, toujours sincère et trop réellement savant pour cher-
« cher à le paraître, sans vouloir se donner, du jour au lende-
« main, une compétence superficielle, laissait alors à des col-
« lègues mieux préparés ou moins modestes tout l'honneur,
« mais aussi toute la responsabilité du travail commun. »

Ce n'est pas tout. La Société royale de Londres, dans sa séance du 30 novembre 1865, avait décerné la médaille de Copley à M. Chasles pour récompenser en lui l'auteur du *Traité de Géométrie supérieure*, de l'ouvrage sur les Porismes, du *Traité des sections coniques* (1re partie), et du mémoire sur la *Détermination du nombre de sections coniques qui doivent satisfaire à diverses conditions.* Aussitôt M. Bertrand consacre à cet événement un article dans le *Journal des savants* (année 1866, p. 60-72). Mais, dans cet article, l'ouvrage sur les Porismes est passé complètement sous silence.

Cette omission est significative. J'avais fait paraître, le 22 mai 1865, la première partie (p. 3-20) de cet opuscule. M. Bertrand s'était empressé de saisir cette occasion de montrer qu'il entendait laisser à son collègue, M. Serret, « tout « l'honneur, mais aussi toute la responsabilité du travail « commun. »

10. En 1869, M. Chasles eut l'imprudence de provoquer lui-même une nouvelle manifestation de l'opinion. J'avais été assez

heureux pour découvrir un des ouvrages dont les fameuses pièces astronomiques attribuées à Pascal devaient être, selon moi, des copies. Un des membres les plus éminents de l'Académie, M. Le Verrier, que l'on a toujours vu donner l'exemple du respect de la vérité et de la science, s'était engagé à démontrer que l'inverse, c'est-à-dire la thèse d'après laquelle l'auteur de cet ouvrage aurait été au contraire le copiste, était impossible.

M. Chasles crut alors devoir rappeler (*Comptes rendus*, t. LXIX, p. 65) mes réclamations relatives aux Porismes, comme prouvant que j'étais un adversaire très-sujet à se faire illusion.

M. Le Verrier répondit, le 19 juillet, qu'un grand nombre de membres de l'Académie pensaient que, dans cette affaire des Porismes, c'était moi qui avais raison, et que nul ne se joindrait aux appréciations de M. Chasles. J'ai entendu cette déclaration. C'était à la fin de la séance, et pendant que le public commençait à sortir. Le bruit qui se faisait en ce moment fut aussitôt couvert par les clameurs de M. Chasles, auxquelles se mêlaient les interpellations adressées par M. Serret à M. Le Verrier.

Que l'illustre savant veuille bien me permettre de lui offrir ici l'expression de ma reconnaissance.

§ III. — Comment M. Chasles s'est consolé de ces échecs.

11. Il l'a fait dans son ***Rapport sur les progrès de la Géométrie***, en écrivant d'abord, p. 86, au sujet de l'*Aperçu historique* :

« La célèbre question des Porismes d'Euclide, présentée
« sous un point de vue nouveau, avec les éléments nettement
« formulés d'une restitution complète des trois livres de l'au-
« teur grec, est le sujet de la Note III (p. 274-284). Ces prin-
« cipes de restitution, développés depuis, ont donné lieu à
« l'ouvrage publié en 1860, etc. »

On le voit, ce que la Commission a refusé de reconnaître, M. Chasles s'est donné la satisfaction de la proclamer sous les auspices du Ministre de l'Instruction publique.

12. Il s'est donné ensuite une autre satisfaction, p. 155 du même *Rapport*.

Après avoir rappelé mes premières publications sur les Porismes, y compris mon Mémoire de 1855, il ajoute .

« Depuis, M. Breton est revenu sur le même sujet dans de « nouvelles communications à l'Académie, qui ont donné lieu « alors à des observations contradictoires, puis enfin à un « Rapport de MM. Bertrand et Serret, contraire aux vues de « l'auteur. »

Or il n'y a rien de pareil dans ce Document. MM. Bertrand et Serret avaient expressément et uniquement pour mission de s'occuper de la question de priorité dont l'objet a été précisé ci-dessus, n° 5. Dans leur travail, que M. Chasles affirme être contraire à mes vues sur les Porismes, on ne trouve absolument rien qui, de près ou de loin, puisse ressembler à un jugement sur ces vues.

Et il devait en être ainsi, car l'Académie avait chargé, le 29 octobre 1849, une Commission d'examiner les résultats auxquels j'étais parvenu sur ce sujet. Elle était composée de MM. Poncelet et Liouville. C'est surtout à ce dernier que je dois d'avoir pu faire connaître ces recherches. Il m'a ouvert son *Journal de Mathématiques* avec cette libéralité à laquelle tous les géomètres rendent hommage.

13. Ces inexactitudes si graves ne sont pas les seules que l'on ait à regretter dans ce *Rapport sur les progrès de la Géométrie*. Pour ne parler que de ce qui me concerne, je citerai comme exemple un théorème relatif à ces polygones que l'on obtient en projetant sur un plan, par des droites parallèles, les polygones réguliers de la géométrie. On sait que plusieurs auteurs leur ont donné le nom de *Polygones semi-réguliers*. Je les avais étudiés moi-même, sous le nom de *Polygones réguliers-*

elliptiques, à l'occasion de certains polyèdres, dans un Mémoire présenté à l'Académie des Sciences le 7 août 1848 (*Comptes rendus*, t. XXVII, p. 154). Pour l'intelligence de ce qui suit, nous dirons que deux polygones de cette espèce *tournent* d'une même quantité, chacun dans son plan, lorsque les polygones réguliers correspondants tournent, chacun dans son propre plan, d'une même quantité angulaire autour de son centre de figure.

Une des propositions auxquelles j'étais parvenu est énoncée de cette manière (je cite d'après le *Compte rendu*) :

« Concevons deux polygones réguliers-elliptiques de n cô-
« tés, situés comme on voudra dans l'espace, et soient s_1, s_2,
« s_3..... s_n les sommets du premier, t_1, t_2, t_3..... t_n ceux du se-
« cond ; joignons par des droites $s_1 t_1$, $s_2 t_2$, $s_3 t_3$.... $s_n t_n$ les
« sommets de même indice ; nous aurons ainsi n arêtes jouis-
« sant des propriétés suivantes, lorsque les deux polygones
« tournent simultanément de quantités égales :
« *Sont constantes les sommes : 1° des puissances $2m < n$ de ces*
« *arêtes, etc.* »

Il est évident que, si l'un des deux polygones se réduit à son centre de figure, on a ce théorème : *La somme des puissances $2m < n$ des distances d'un point de l'espace aux n sommets d'un polygone régulier-elliptique de n côtés demeure constante lorsqu'on fait tourner ce polygone dans son plan.*

Or M. Chasles juge à propos d'attribuer, p. 371 de son *Rapport*, ce théorème à M. H. Pigeon, qui l'a publié en 1865 (*Journal de l'École Polytechnique*, XLIe cahier, p. 190), c'est-à-dire dix-sept ans après moi.

14. On reconnait encore les rancunes de M. Chasles dans ce qu'il dit, p. 154 de ce même *Rapport*, au sujet d'un travail que j'ai publié en 1848 sur le contenu de l'ouvrage de Stewart intitulé : *Quelques théorèmes généraux d'un grand usage dans les hautes Mathématiques*.

Rappelons d'abord les circonstances dans lesquelles j'ai été conduit à composer cet écrit.

M. Chasles avait appelé l'attention sur ces propositions dans son *Aperçu historique*, p. 174-179. De plus, il avait trouvé qu'on pouvait donner aux énoncés de deux d'entre elles « une « extension très-grande et assez remarquable. » Les nouveaux énoncés, donnés sans démonstration dans la Note XXII, devinrent naturellement un sujet de recherches pour les personnes qui s'occupaient de géométrie.

Or il arriva qu'on fut conduit à concevoir des doutes sur la vérité des propositions ainsi étendues par M. Chasles. En 1844, un savant anglais, T. S. Davies, exprima ce sentiment dans un mémoire qui fait partie du tome XV des *Transactions de la Société royale d'Edimbourg*. J'avais acquis, de mon côté, la certitude que ces propositions étaient fausses. Une Note, que j'adressai à l'Académie des sciences le 2 juin 1846, était destinée à mettre ce fait en évidence; mais elle ne fut pas insérée au *Compte rendu*, et M. Chasles, quelques mois plus tard, cita l'ouvrage de Stewart comme renfermant *de beaux théorèmes dont une partie n'avait pas encore été démontrée* (*Traité de Géométrie supérieure*, p. LXX). C'était déclarer, notamment, qu'il tenait pour non avenu ce que l'on avait pu dire sur les propositions dont il s'agissait.

En présence de cette fin de non-recevoir, je pris le parti de rendre publiques les preuves de l'assertion que j'avais émise. Ce fut là l'objet du mémoire que M. Chasles mentionne p. 154 de son *Rapport*. Il ne conteste plus les conclusions de ce travail, mais il donne à entendre, en passant sous silence le rôle qu'il a joué lui-même relativement à ces énoncés, que je n'ai fait que reproduire des conclusions déjà établies dans le mémoire de 1844 cité plus haut (1).

(1) Chacune des propositions dont il est question a pour objet un système de droites et de points situés dans un même plan, et donne lieu à une relation entre deux variables x et y :

15. Du reste, je ne suis pas le seul qui ait eu à se plaindre de M. Chasles. Il me suffira de rappeler ce qu'écrivait, il y a dix ans, un illustre géomètre, le général Poncelet, au sujet de l'*Aperçu* : « ... l'ouvrage, en général, est l'un des livres de « géométrie qui m'a le plus coûté à lire, à cause des apprécia- « tions qu'il renferme et des fausses interprétations auxquelles « il a pu donner lieu sur mes propres et très-antérieurs tra- « vaux, cités, il est vrai, autant de fois que ceux de Pascal et « de Desargues, dans des passages que j'aurais désiré moins « nombreux et plus exacts. Malheureusement, quelques-unes « de ces erreurs ... se trouvent en partie reproduites dans le « *Traité de Géométrie supérieure* ... » (*Applications d'analyse et de géométrie*, t. I, p. 492, en note. Voyez aussi *Traité des propriétés projectives des figures*, édition de 1865-1866, t. II, Section supplémentaire).

Ce *Rapport sur les progrès de la Géométrie*, dans lequel la vérité est si complétement travestie en ce qui me concerne, a été demandé à M. Chasles, à l'occasion de l'Exposition universelle de 1867, par M. Duruy, alors ministre de l'Instruction publique. Il me sera permis de douter que son successeur veuille conserver à un tel travail l'attache administrative qui en fait presque un document officiel.

Quoi qu'il en soit, l'histoire des progrès de la Géométrie va

$$A + Bx + Cy + Dx^2 + Exy + Fy^2 + Gx^3 + Hx^2y + \ldots\ldots = o,$$

qui doit être satisfaite, quelles que soient les valeurs attribuées à ces variables. Les coefficients A, B, C, etc., renferment, avec les données immédiates de la question, des inconnues qu'il s'agit de déterminer. D'après cela, on est conduit à poser les équations

$$A = o,\ B = o,\ C = o,\ D = o,\ E = o,\ F = o,\ G = o, \text{ etc.}$$

Or le nombre de ces équations surpasse, en général, celui des inconnues à déterminer. Cette remarque a dû inspirer les premiers doutes. Je crois avoir fait le reste en démontrant que *toutes ces équations sont nécessaires*. Comme on trouve facilement des cas où elles sont contradictoires, on est autorisé à conclure de là que les deux propositions sont fausses.

pouvoir être refaite. La Société royale de Londres a entrepris la publication d'un catalogue général des mémoires publiés dans tous les recueils scientifiques, jusqu'à l'année 1864. Ce catalogue permettra de rendre à chaque auteur ce qui lui appartient, et les omissions, jusqu'à présent si faciles, de découvertes dignes d'intérêt, deviendront inexcusables.

FIN DES NOTES.

Paris. — Imprimerie de madame veuve Bouchard-Huzard, rue de l'Eperon, 5.

www.ingramcontent.com/pod-product-compliance
Ingram Content Group UK Ltd.
Pitfield, Milton Keynes, MK11 3LW, UK
UKHW020922180726
13838UKWH00002B/696

9 782329 313320